ANDRÉ

CHÉNIER

PAR

MÉRY

TOME I.

BRUXELLES

J. B. PÉTRIDE, Éditeur,

1840

ANDRÉ CHÉNIER.

TYPOGRAPHIE DE
J. A. JOOSTENS, Imprimeur-Éditeur,
35, Chaussée et Faubourg de Laeken.

ANDRÉ CHÉNIER,

PAR

MÉRY.

TOME I.

BRUXELLES,
KIESSLING ET COMPAGNIE,
26, Montagne de la Cour.
1850

ANDRÉ CHÉNIER.

I.

L'HÔTEL DE LA TOUR-D'AIGUES (1).

Un jour M. le procureur-général près la cour d'Aix me fit l'honneur de m'inviter à une soirée qu'il donnait dans son hôtel rue Saint-Michel. M. Borély est le plus aimable, le plus spirituel et le plus honnête des magistrats. On s'estime toujours heureux de se rendre à une de ses gracieuses invitations ; il y a certitude de trouver chez lui l'accueil charmant de l'homme du monde qui a déposé la toge, et oublié le prétoire et les plaidoyers.

Aix est une ville d'étude, une ville pleine de charme et de recueillement. Marseille est, pour ainsi dire, son faubourg commercial. Je profitai de l'invitation de M. Borély pour faire un séjour assez long dans cette noble cité de Sextius. Un matin, comme je causais avec

(1) L'hôtel et le chateau de la Tour-d'Aigues appartiennent à la même famille. Le premier est à Aix, le second est à dix lieues d'Aix, près de la ville de Manosque.

le procureur-général dans l'embrasure d'une croisée de son hôtel, je remarquai vis-à-vis un jardin calme comme un cimetière abandonné par les morts et les vivants.

— Voilà, dis-je à M. Borély, un jardin d'une mélancolie charmante; si je voyais parmi ces hautes herbes quelques débris verdâtres de statues, et l'urne brisée d'une Naïade hydrophobe, je me croirais à Rome, sur le mont Quirinal.

Quel est l'heureux propriétaire de ce jardin?

— Il est mort ; c'était M. de C...

— Ah! un vieux nom de notre Provence! je ne connais rien de pittoresque comme le château de M. de C..., au fond du petit golfe de Carry. Quoi! il possédait aussi ce jardin! il est bien absurde de mourir quand on a de telles propriétés.

— Mais, me dit M. Borély en désignant du doigt un hôtel magnifique, ce jardin appartient à cet hôtel, et cet hôtel appartenait encore à M. de C...

— C'est le comte du chat botté, ceci! mon cher procureur général; et vous appelez cet immense domaine un hôtel! Mais c'est un palais; c'est le Louvre d'Aix! Et à qui appartient ce petit Louvre!

— A la veuve, à Mme de C... Oh! si je vous racontais toute cette histoire, vous écririez un roman.

— Eh bien! si vous n'avez pas peur de roman, dites-moi votre histoire.

— Elle ne sera pas longue. Ce Louvre d'Aix, comme vous le nommez, n'a que deux locataires : Mme de C... et une vieille femme de chambre; elles y habitent le seul appartement qui soit habitable, et Mme de C... n'en est jamais sortie depuis plus de quarante ans.

— Et elle ne reçoit personne?

— Personne. Son hôtel est fermé à tout le monde sans exception.

— Mais cet hôtel fait supposer une fortune considérable.

— Cent mille francs de rente.

— Il y a des héritiers heureux !

— Mais, d'après les bruits qui courent, ma noble voisine passe son temps fort agréablement, et selon ses goûts. Elle lit, elle cultive les lettres, elle traduit Horace...

— Elle traduit Horace ! m'écriai-je, en interrompant M. Borély. — Sur l'original ou sur une traduction ?

— Comment donc ! sur l'original. Mme de C... est plus forte que vous sur le latin.

— Oh ! mon cher procureur-général, je ne quitte pas votre ville d'Aix sans avoir fait ma visite à votre noble voisine.

— Vous y perdrez votre peine.

— Je lui adresserai une épître en vers latins.

— Vous y perdrez votre latin.

— Eh bien ! mon cher procureur-général, voulez-vous perdre un pari avec moi ?

— Je veux bien.

— Je vous parie 100 fr. pour les pauvres, que j'entrerai dans cet inaccessible hôtel.

— Je désire perdre mon pari, car vous nous raconteriez, le premier, toutes les choses extraordinaires que renferme ce Louvre désert. Figurez-vous que tout l'ameublement porte la date de 1788; que rien n'y a été dérangé, pas même la dernière bûche de bois, qui s'est éteinte sous le pied de Mirabeau partant pour Paris !

— Vous mettez le comble à ma curiosité, mon cher procureur-général. J'entrerai.

— J'accepte votre pari.

— Je n'ai jamais perdu un pari de ma vie.

— Vous commencerez.

Je sortis de l'hôtel de M. Borély pour ouvrir la trancliée devant la citadelle de Mme de C... J'établis mon quartier-général à l'angle de la rue des Quatre-Dauphins rue déserte, mais que peuple le plus bel alizier du monde, et qu'on dirait avoir été planté par le consul Sextius.

Du point de vue où je me plaçai, le palais de madame de C... m'apparaissait dans tout l'éclat de sa gracieuse et imposante architecture : les pierres en sont encore si belles, si jeunes, si pures, qu'on ne s'aperçoit que fort tard du délabrement et de la dévastation qui assombrissent l'ensemble de ce majestueux édifice ; les fenêtres sont innombrables, mais toutes les vitres ont disparu ; les mousses et les saxifrages, dans le travail de leur végétation puissante, ont détaché, comme aurait fait le mineur, des pans entiers de corniches et de frises, et renversé, sur les hauts gazons de la cour d'honneur, des urnes, des sculptures, des ornements superbes qui décoraient les voussures des portes et la cime des frontons ; les mains des hommes n'ont rien fait, ce sont des brins d'herbes qui ont amené cette destruction, et l'ont signée avec des paraphes de fleurs agrestes d'une exquise beauté.

Toutes les grandes issues de ce palais sont murées comme celles d'un monastère frappé d'interdit. A force de chercher une poterne sur la vaste enceinte, je découvris une porte étroite, avec un marteau rouillé. Je jugeai inutile de frapper à cette porte, qui avait sans doute lassé tant de mains depuis un demi-siècle, et n'osant faire une brèche au mur, ce qui n'est permis qu'aux généraux, je revins à ma première idée ; je courus à l'hôtel de Mme Alary, où je logeais ; j'improvisai vingt distiques latins, et je les adressai, par la poste, à Mme de C..., en son hôtel.

J'attendis deux jours une réponse, elle n'arriva pas. J'avais donc trop compté sur l'effet de mes distiques.

Le procureur général essaya de me décourager, et me pria de ne pas m'exposer à un nouvel échec. — Je puis vous affirmer, me dit-il, que tous les personnages influents de la ville, toutes les notabilités voyageuses, tous les artistes, tous les illustres enfants de notre ville, des hommes comme Granet, Mignet, Thiers, Peisse, Rouchon, Roux-Martin, excités par ce qu'on raconte de merveilleux sur cet hôtel, ont fait cent démarches inutiles pour y pénétrer. Madame de C... *se bouche les oreilles et les laisse crier*, comme dit la fameuse stance composée dans cette même ville d'Aix pour un magistrat.

Plusieurs notables habitants, amis de M. Borély, haussèrent les épaules devant ma présomption, lorsque je m'obstinai à affirmer que j'entrerais dans cet Ilium, dussé-je construire un cheval de bois.

Comment! me dit M. Desfougères, recteur de l'académie d'Aix, Mgr. l'archevêque, M. le procureur-général, M. le premier président Emmanuel Poulle, M. Thiers ont tous échoué devant ces murailles, et...

— Et je réussirai! — dis-je, en interrompant le recteur.

— Je le désire, me dit M. Desfougères, car j'ai soumis au gouvernement un projet fort beau. Il s'agirait d'acheter cet hôtel de madame de C..., et d'y établir, en communauté, les vétérans de l'Université française. Ce serait l'hôtel des invalides de la science.

— Nous, nous occupons avec chaleur de ce projet, dit le procureur-général ; l'idée est excellente!...

— Je la communiquerai à madame de C... demain, — dis-je au milieu d'une vive manifestation d'incrédulité.

Tous les jours j'avais l'honneur de dîner chez le procureur général Borély ; tous les soirs je me trouvais dans ses salons, au milieu d'une société charmante, et tous les jours, et tous les soirs, la ville d'Aix m'adressait cette question railleuse : Et bien? avez-vous vu les merveilles inconnues de l'hôtel de Mme de C...? Je prenais alors la pose d'un homme sûr de son fait et qui ne demande à l'horloge que la minute de bonne occasion.

Un matin du mois de juillet, avec trente degrés Réaumur, je préparais un assaut devant la petite porte de l'hôtel. La chaleur avait exilé l'ombre même d'un passant. J'aurais pu me croire dans une rue de Pompeïa; Aix dormait. Il n'y avait dans l'air d'autre bruit que le murmure de la fontaine des Quatre-Dauphins, et un son lent de cloche qui venait de la paroisse Saint-Jean.

En examinant la façade du nord, je vis une grande fenêtre fort élevée toute large ouverte, mais défendue par une grille de fer. A l'aide de quelques crevasses de mur, je tentai l'escalade, et je parvins à me cramponner aux barreaux. Maître de ce point d'appui je continuai mon ascension, et je m'assis sur le bord de la fenêtre. En ce moment, M. Deslougères, le recteur de l'académie d'Aix, passa et me dit à voix basse : Je vais vous dénoncer au procureur-général. Je fis le signe qui exprime : Allez, et laissez moi dans mes fonctions d'assiégeant.

A travers les barreaux de fer, mes yeux plongeaient dans une salle profonde et noire, tout encombrée des lambeaux d'une ancienne magnificence. Une femme, qui me parut âgée de soixante-quinze ans au moins, travaillait à l'aiguille et s'interrompait par intervalles en laissant tomber lourdement sur son épaule sa tête appesantie par ce sommeil que provoque une excessive chaleur.

Au mouvement prémédité de mes pieds, la bonne femme se retourna et poussa un cri de surprise en étendant ses deux mains vers moi. Je la saluai par un geste et un sourire des plus bienveillants, et prenant dans ma langue provençale les désinences et les locutions les plus mélodieuses, je m'extasiai sur les riches tentures amassées devant moi.

— Que venez-vous faire là ? — me dit-elle dans un provençal fort rude.

— Ne vous fâchez pas, madame, lui répondis-je ; je viens vous apporter des nouvelles de vos enfants,

Je courais le risque de trouver ou une vieille demoiselle, ou une vieille veuve sans enfants ; mais, dans tous les jeux de cette vie, où nous jouons toujours sans cartes, il faut donner quelque choses au hasard. Au reste, j'avais quatre-vingt-dix chances sur cent pour moi. En général, toutes les femmes sont mères dans le Midi.

La vieille femme sourit et me dit d'une voix émue :

— Vous venez donc de Manosque.

— J'en arrive.

— Vous avez vu M. Dulme?

J'ai vu M. Dulme... Nous allons causer de tout cela ; ouvrez-moi.

A ce terrible mot, la bonne femme recula sur sa chaise et fit un commencement de signe de croix.

Je me hâtai de la rassurer sur mes intentions et nous engageâmes, en bonne langue provençale, une conversation qui arriva bientôt à une si large expansion de gaîté, fille de cette belle langue, où chaque mot est un éclair d'esprit, que la vieille gardienne de ce virginal hôtel prit une clef, se leva, mit un doigt sur sa bouche, et me fit un signe qui me ravit de joie : elle allait ouvrir la porte ! Oh ! qu'ils me parurent petits en ce moment l'archevêque d'Aix, M. Emmanuel Poulle, M. Desfougères, et les ministres du 11 octobre et du 1er mars!

Je descendis de la fenêtre, et au même instant, la poterne grinça sur ses gonds.

— Il n'y a personne dans la rue? demanda la bonne femme.

— Il n'y a que le soleil, comme toujours.

La porte se referma. J'étais dans un corridor sombre qui aboutissait à un vestibule éclatant.

— Mon Dieu! me dit la gardienne, si madame la marquise savait cela, elle me chasserait.

— D'abord elle ne le saura pas, lui dis-je, parce que personne ne lui parle, excepté vous ; ensuite, si elle vous chassait, ce ne serait pas un grand malheur : vous sortiriez de cette prison ; vous iriez à Manosque voir vos enfants et M. Dulme, et vous vous marieriez.

Ce dernier mot tiré gravement à brûle-pourpoint sur une femme octogénaire lui donna un éclat de rire qui réveilla en sursaut l'écho féodal, endormi dans le vestibule depuis 1788. J'admirai d'abord l'escalier qui est superbe, mais recouvert, sur toutes ces marches, d'une épaisse couche de poussière ; aucun pied humain n'a monté cet escalier depuis les pieds de M. de Villars, du marquis d'Argens, de M. de Valbelle, de M. de Forbin, du peintre Vernet, de l'orateur Mirabeau. C'est aujourd'hui un lieu d'asile pour les oiseaux de passage ; c'est une grande volière de hiboux.

Nous traversâmes une vaste cuisine, où les araignées ont établi des filatures sur une grande échelle, et la vieille femme, me montrant la porte du jardin, me dit : Celle-là n'a jamais été ouverte depuis cinquante-sept ans (nous étions en 1845). Deux arcs-boutants de fer ayant été enlevés avec une certaine difficulté, j'entrai dans le jardin, où ma présence immobilisa d'étonnement une famille de chats, qui comptaient, par tradition, sur l'inviolabilité de ce territoire, que leurs aïeux des races félines regardaient comme interdit aux profanes humains.

En ce moment, je ressemblais à un intrus qui trouble la répétition d'une fable de La Fontaine, jouée par les comédiens de ce poète. Cette société de chats avait l'air de se concerter dans une circonstance si étrangère à leurs traditions de famille. Les plus jeunes semblaient accuser les anciens et leur reprocher tant de trompeuses promesses de sécurité inviolable, soudainement détruites par la subite invasion d'un animal étranger. J'eus regret, par l'intérêt que je porte aux races félines, d'avoir jeté la perturbation dans ce paradis terrestre, fondé par l'édit de la convocation des états-généraux, en faveur de tant d'animaux gracieux et charmants, et je rentrai, après leur avoir exprimé dans une pantomime significative combien j'étais désolé de cette fâcheuse perturbation. M. le premier président et le ministre du 1er mars n'auraient pas été peut-être aussi polis.

La gardienne me conduisit ensuite aux appartements supérieurs; là je respirai les parfums que le XVIIIe siècle avait laissés dans cette féodale demeure, et qu'aucune haleine n'avait souillée depuis 1788. Le premier salon où j'entrai offrit à mes yeux une véritable émeute de fauteuils. Ce désordre mobilier attestait la dernière ébullition de cette société aristocrate, surprise par l'ouragan qui soufflait de Paris.

Aucune main n'avait songé à régulariser le désordre de la dernière soirée de l'hôtel, lorsque la jeune et brillante madame de C... se révoltant contre la révolte, ferma les portes de son Louvre, en l'absence de son mari et résolut de protester toute sa vie, en s'enfermant, comme une reine d'Égypte, dans la pyramide déserte qui était son palais.

En ce moment, j'ignorais que la fenêtre de l'hôtel du procureur-général, rue Saint-Michel, M. Desfougères, le recteur de l'académie, M. Emmanuel Poulle, premier président, M. et Mme Borély, m'avaient aperçu dans le jardin de Mme de C..., et que des émissaires allaient annoncer partout mon entrée triomphale dans l'inaccessible domaine. A mon insu, encore, le procureur-général invitait à dîner ses nombreux amis, et faisait distribuer aux pauvres les 100 fr. perdus.

Ce salon où je me trouvais n'avait pas, à coup sûr,

en France, son égal, il me rappela une vallée que j'ai vue près de Ponte-Centino, en Italie, où les laves bouillonnantes d'un volcan furent subitement éteintes par le souffle de Dieu, et conservèrent, dans leur soudaine pétrification, les formes tumultueuses qu'elles avaient à leur état liquide. Chaque fauteuil de ce salon venait de violer son rang simétrique, et attestait encore la véhémence de celui qui l'avait quitté tout à l'heure, c'est-à-dire en 1788. Ce congrès de meubles avait un langage et une voix. On croyait encore entendre se débattre ces nouvelles qui venaient de Paris, et troublaient la molle quiétude de ces nobles heureux. Les fauteuils disaient :

— La nouvelle est-elle positive ?

— Oui. M. de Gallifet a reçu une lettre de M. de Saint-Blancard, premier gentilhomme du roi.

— M. d'Albertas a également reçu une lettre de Versailles.

— De qui?

— De M. de Grave. Elle annonce positivement qu'on vient de découvrir un énorme déficit dans les finances. Le roi a fait un édit. On a reconnu l'origine du mal. Il y a trop de caisses publiques pour le recouvrement de l'impôt. L'édit royal réduit le nombre de ces caisses. On espère, par cette mesure, une économie de sept millions.

— Belle ressource, ma foi!

— Et vous croyez que le déficit sera comblé?

— Puisque le roi l'a jugé ainsi.

— Le roi peut se tromper, en finances.

— Les lettres de M. de Grave et du premier gentilhomme ne disent pas tout. — Ah!

— Il y a donc autre chose?

— Il y a un autre édit.

— Oh! rien n'est plus positif! L'édit qui convoque les états-généraux.

— La France est sauvée!
— La France est perdue!
— C'est l'avénement du Tiers.
— C'est la chute de la noblesse!
— C'est l'Angleterre qui nous apporte sa révolution!

Ce merveilleux salon retentit encore de ces derniers cris, et ils forment un curieux contraste avec les broderies des fables de La Fontaine qui décorent ces fauteuils bouleversés; avec des groupes de bergers, à face rose, représentant des fleurs et des agneaux sur les voussures des portes; avec une pendule oisive depuis cinquante-sept ans, et qui représente le dieu malin, Cupidon perçant un vol de cœurs de la pointe de ses traits.

Au moment où j'allais entrer dans le salon voisin, la gardienne me recommanda le silence le plus absolu, et me défendit même de respirer. Je lui demandai le motif de cette précaution; elle prit un air grave et me dit :

— Le salon où vous allez entrer est voisin du cabinet de travail de Mme de C... Je m'inclinai avec respect, et je fis signe que je supprimais ma respiration comme l'homme qui nage entre deux eaux.

Ma comparaison, trop bien exprimée en pantomime, faillit provoquer un second éclat de rire qui, cette fois, eût été dangereux, à la porte même de Mme de C... La gardienne pinça ses lèvres et se contint.

Ce nouveau salon avait une physionomie calme; les fauteuils ne gardaient aucune trace d'agitation politique; seulement il y en avait deux qui s'étaient éloignés des autres comme pour causer à part, devant la cheminée; ils avaient un air prudent et discret. Je fis des conjectures sur ces deux meubles schismatiques : sans doute deux hommes habiles et prévoyants s'étaient éloignés de la foule au moment où s'agitaient les foudroyantes nouvelles de Paris, et ils avaient tenu à peu près ce langage.

— Tout cela prend une mauvaise tournure.
— C'est ce que je pensais.
— La révolution est à nos portes.
— Elle est entrée.
— Le plus sage est celui qui ne se mêle de rien.
— Ne nous mêlons de rien.
— Une opinion hautement exprimée en public coûte souvent fort cher.
— Coûte la vie.
— Il y a toujours des gens qui prennent note de ce qu'on dit, et après...
— Et après, on est compromis.
— Ne nous compromettons pas.

Après avoir médité quelques minutes sur la prudence politique de ces deux fauteuils, je m'avançai sur la pointe du pied en sillonnant des flots de poussière, vers la porte du cabinet de madame de C... La gardienne était émue : les larges dentelles de sa coiffe frissonnaient sur ses tempes; rien ne m'arrêta. A la faveur d'un jour très-étroit, je commis une indiscrétion coupable, et je sondai le mystère intérieur de ce cabinet de travail. Madame de C... assise dans un vaste fauteuil, lisait avec l'immobilité de l'attention extrême; sa noble et calme figure ne me parut point avoir emprunté au passé des lignes d'irritation et de mélancolie; c'était l'anachorète au désert, saint Jérôme, dans un autre sexe, et prenant pour Thébaïde le plus somptueux et le plus solitaire palais.

Il y a vraiment, dans la résolution de cette noble femme, un héroïsme qui nous émeut et nous frappe d'étonnement. A la fleur de son âge, belle, enviée, elle a fait ses adieux au monde, à sa famille, à ses amis; elle n'a pas voulu voir passer des révolutions sous ses fenêtres : elle est restée dans son ancien régime. Elle n'a voulu connaître ni les gloires ni les folies qu'une nation comme la France va faire éclore, le jour où elle brise son despotisme ou sa liberté, deux fardeaux pour elle également lourds.

N'arrivons pas encore aux choses sérieuses; elles ne viendront que trop tôt! Je sortis de ce salon, où ma station fut très-courte, et j'en traversai un autre dont la tenture, ouvrée en perles, me parut fort riche; d'énormes lambeaux se détachaient du mur, en cédant au travail de l'humidité. Je côtoyai ensuite un vaste paravent, où je retrouvai encore l'éternelle fantaisie du XVIIIe siècle, l'inévitable troupeau de bergers conduit par quelques moutons : puis j'entrai dans une belle galerie, où mes pas mirent en fuite une compagnie d'oiseaux et une escouade d'autres êtres moins charmants qui se constituent les locataires insolvables et les ignobles destructeurs de tous les édifices abandonnés.

J'accomplissais cette visite à travers cette magnifique demeure, en 1845, c'est-à-dire à l'époque ou la fièvre de la propriété immobilière agitait toutes les têtes de France; où chaque futur citoyen de la République voulait posséder quelques pierres alignées au soleil; où on regardait une inscription au cadastre comme une place au paradis, et j'avais là, sous mes pieds, sur ma tête, autour de moi, un immense palais, bâti en pierres romaines d'Arles, un merveilleux travail d'architecture, tout couvert du sublime dédain d'une femme, et cette femme seule avait raison, au milieu d'un monde aveuglé par le matérialisme du moment!

Elle a laissé tomber en poussière tout ce qui faisait l'ornement intérieur de ce palais, les meubles, les tableaux, les tentures, les tapis, les boiseries, les portes, les peintures, les décors, les statues, les sculptures; les plafonds, et, si elle vivait un demi-siècle encore, elle laisserait tomber les quatre murs de l'édifice sur sa tête, comme pour dignement couronner la plus héroïque des résolutions. Il y a eu souvent des spéculateurs, des

commis de bande noire qui sont venus crier à travers
les fenêtres de ce palais, et offrir des prix fabuleux à
la propriétaire. Ils ont tout crié dans le désert. Tant
qu'elle vivra, jamais cette protestation monumentale et
pétrifiée ne sera une usine, une filature, une banalité
quelconque au service de l'industrie; cette métamorphose regarde les héritiers.

Arrêté dans ma visite par un énorme fouillis de curiosités vermoulus, je voulais par des procédés adroits
d'exorde, connaître l'opinion que la vieille femme de
chambre avait de sa maîtresse. Ma diplomatie échoua
devant la fidélité. La conduite de Mme de C... lui paraissait fort naturelle; tout le monde en eût fait autant;
c'est un genre d'existence comme un autre. Voilà tout
ce que j'ai pu recueillir. Mais elle me donna quelques
petits détails d'intérieur dont ma curiosité se trouva satisfaite; entre autres celui-ci : — Je sors tous les matins,
avant le jour, me dit-elle, et je vais acheter mes provisions pour madame et pour moi.

Je lui sus gré de cette confidence qui rendait le calme
à mes conjectures, car j'étais sur le point d'admettre
pour l'hôtel de Mme de C.,. l'oiseau messager qui apportait chaque jour sa nourriture à l'anachorète du désert.

Un pressentiment me disait qu'en furetant ainsi les
coins et les recoins de cette demeure, j'arriverais à une
découverte inattendue; le hasard quand nous tentons
son intelligence, nous tient toujours en réserve un étonnement.

A l'extrémité d'une galerie, je me méfiai d'une porte
qui ne voulait se laisser ouvrir, comme on se méfie d'un
homme, qui ne veut pas nous répondre. Ce n'était pas
la serrure qui résistait; toutes les serrures sont absentes
dans cet hôtel : il ne s'agissait donc que d'enfoncer
une porte ouverte, mais probablement comprimée à
l'intérieur par des meubles ou des murs éboulés. Comme

l'état général de ce palais n'exigeait pas de moi des ménagements, et qu'il est permis de tout laisser dans une ruine, je fendis la porte vermoulue, comme on fend un cerveau de papier au Cirque, et je pénétrai dans une petite chambre tout encombrée d'objets sans nom, et que l'œil d'un tapissier ne classera jamais.

La fenêtre de cette chambre, fermée par des persiennes en loques, était décorée de nids d'hirondelles, en disponibilité. En jetant un regard sur les jardins, à travers les lames disjointes, je découvris, à ma gauche, des lettres gravées sur le mur; le temps en avait noirci le creux, ce qui leur donnait une espèce de relief du premier coup d'œil. Je lus donc, tout de suite, ces deux noms : *Chénier*, — *Trudaine*, l'un au-dessus de l'autre. Au moment de sortir de la petite chambre, je voulus les revoir encore, pour bien me convaincre de la vérité de ma première inspection.

La gardienne me fit observer que ma visite se prolongeait d'une façon indiscrète, et qu'elle craignait d'être appelée par la sonnette de madame; je lui fis mes sincères excuses, et je la suivis sur le grand escalier que je revis avec joie, dans sa majesté babylonienne : un arceau colossal, qui fut autrefois une fenêtre, verse sur ses marches poudreuses des flots de lumière qui incommodent une colonie de hiboux, nichés dans toutes les crevasses des murs. Un seul ornement n'a pas quitté l'escalier somptueux : c'est une longue chaîne qui soutenait le lustre. On cherche le lustre, il a disparu; il s'est anéanti. Etoile brillante des fêtes, elle s'est éteinte avec elles. La chaîne reste pour raconter les magnificences du passé.

La bonne femme ouvrit la poterne avec des précautions méticuleuses, et me dit de regarder adroitement si personne ne passait dans la rue. En général, personne ne passe dans les rues d'Aix; les rues y ont horreur du passant, comme la nature du vide. Je n'hésitai pas à répondre qu'il n'y avait aucun danger d'être vu. Je serrai les mains de la vénérable femme de chambre, qui refusa énergiquement une pièce d'or offerte, et bientôt, heureux de mon expédition, je foulais l'herbe de la rue des Quatre-Dauphins.

A six heures, je me rendis chez M. le procureur-général Borély, où je trouvai une société fort nombreuse. On me fit raconter dans tous ses détails mon voyage dans le palais de Mme de C... et on m'engagea même à l'écrire. J'avais, à cette époque, des motifs particuliers qui n'existent plus aujourd'hui, et qui s'opposaient à la publicité de ma relation; mais je promis, quelques jours après, de me servir de l'hôtel de Mme de C... comme d'un prologue pour une histoire inédite sur André Chénier, laquelle histoire me fut fournie par un homme qui avait vu cet hôtel dans toute sa splendeur, jusqu'en 1788.

Le nom de Chénier que j'avais lu sur une pierre n'avait devant lui ni prénoms ni l'initiale d'un prénom. Le consul général Chénier a eu quatre fils : — Marie-Joseph, Sauveur, André et Constantin. Cependant, le nom de Trudaine écrit à côté de Chénier remplaçait, pour ainsi dire, le prénom d'André. Or, me disais-je, à quelle époque André Chénier est-il venu à Aix? Il a passé ses premières années à Narbonne; il lui est resté de doux souvenirs de ce beau pays et des rives de l'Aube; probablement, le poëte, avant 1789, aura voulu revoir ce pays d'affection, et il se sera, sans doute, arrêté à Aix.

Serait-il venu à Aix, à son retour d'un voyage en Suisse qu'il fit avec Trudaine? C'est encore possible. André Chénier, né à Constantinople, et ayant gardé en lui, aux bords de la Seine, l'amour de la Méditerranée, aura fait, à cette époque, un détour de voyageur vers le Midi. Une troisième chose est encore admissible :

André Chénier ayant embrassé la carrière des armes, avant 89, a été sous lieutenant au régiment d'Angoumois, qui a tenu garnison à Strasbourg et dans quelques villes du Midi.

Il se dégoûta bientôt de cette profession, quitta l'épée pour la lyre, et revint encore à Paris, où son destin le rappelait toujours. *Quis vincere fatum* qui peut vaincre le destin? a dit un André Chénier de Rome.

Au reste, il m'importait fort peu de connaître à laquelle de ces trois époques André Chénier avait reçu l'hospitalité à l'hôtel de M. de C... Il y était venu, c'était pour moi démontré. Mais en causant avec un contemporain des anciens jours, un de ces hommes qui ont tout vu, j'avais appris une foule de détails sur le passage d'André Chénier à Aix en Provence, vers l'année 86 ou 87.

Sans ma visite à l'hôtel de Mme de C... et même sans ma découverte de la petite chambre aux deux noms, j'aurais toujours ignoré cet épisode de la vie du poëte. Pendant cinq ans j'ai fait par intervalles des recherches, à Rouen et à Versailles, villes de retraite d'André Chénier, pour relier, mon histoire, du séjour à Aix aux époques de 93 et de 94, et quand la lumière a été donnée, j'ai tout écrit. C'est l'histoire du jeune poëte au milieu des révolutions.

(1) M. Duperray, qui a vécu dans l'intimité des plus célèbres personnages de cette époque. Il était, dans ces dernières années, l'ami et l'inséparable compagnon de M. le duc de Choiseul, chez lequel je l'ai vu et étudié comme un livre pendant dix ans.

II.

UNE SOIRÉE DE CE TEMPS DANS LE MÊME HÔTEL.

89 allait bientôt poindre à l'horizon du levant ; il y avait soirée à l'hôtel de la Tour d'Aigues, à Aix. Une sérénité d'âge d'or planait dans les salons et se peignait en reflets doux sur les visages des femmes et des hommes. Tout ce monde, bercé par une molle béatitude, semblait appartenir aux personnages de la tapisserie, où les bergers et les bergères de Lignon se souriaient, la houlette à la main.

Le cercle de l'hôtel de la Tour-d'Aigues s'entretenait, ce jour-là, de toutes les frivolités du moment, lorsqu'on annonça un voyageur, parent de feu M. de Voltaire : c'était M. de Florian, qui, venant du Languedoc, traversait la ville d'Aix en se rendant à Paris. On l'attendait avec impatience ; on savait qu'il allait publier ses deux romans d'*Estelle* et de *Galatée*, et il avait promis d'en faire une lecture ce même soir. Presque au même moment, M. le marquis d'Albertas arriva de son château de Gemenos, avec l'abbé Delille. L'hôtel de la Tour d'Aigues donnait déjà, depuis quelques jours, l'hospitalité à un autre voyageur, destiné à une grande illustration, au jeune André Chénier. La soirée promettait d'être brillante. Les jeunes femmes de la noblesse d'Aix rayonnaient de joie à l'idée d'entendre la lecture d'*Estelle* avant leurs amies de l'hôtel de Grave à Versailles, où M. de Florian était attendu.

M. de Florian ouvrit un manuscrit, qui était une septième copie, et le cœur du noble auditoire battit de joie au moment où ce début se fit entendre : *O vous !*

bergères de mon pays, vous qui, sous un chapeau de paille cachez des attraits dont tant d'autres seraient vaines! Une attention toujours sympathique et parfois enthousiaste accompagna la lecture de la pastorale de l'Occitanie. Les applaudissements, presque unanimes, éclatèrent à la fin, et l'abbé Délille, qui ne regardait pas un poëte prosateur comme un rival redoutable, prédit un grand succès à l'églogue de M. de Florian.

Maintenant, dit l'écrivain pastoral, si la noble société le permet, un jeune compositeur qui arrive d'Italie et qui voyage avec moi va vous chanter une des romances d'*Estelle*, en s'accompagnant du forte-piano.

Des murmures de satisfaction coururent dans les quatres angles du salon privilégié. Un jeune homme de petite taille et d'une figure animée par des yeux italiens, se mit au forte-piano et chanta la romance :

  Ah! s'il est dans votre village
  Un berger sensible et charmant.

L'air fut trouvé délicieux; il fut applaudi avec transport.

— Ce jeune homme ira loin, dit M. Florian.
— Son nom? demandèrent quelques voix.
— Chérubini.
— Quelle délicieuse soirée! disait-on sur presque tous les fauteuils.

M. d'Albertas prit la parole.

— Nous allons encore avoir un nouveau bonheur, dit-il : M. l'abbé Delille va nous réciter les vers qu'il a composés dans mon château de Gemenos, et qu'il destine à son poëte de l'*Homme des Champs*. Des éclats de joie suivirent cette annonce; le poëte se leva, prit une pose modeste, comme un homme habitué aux triomphes, et déclama la tirade connue qui commence ainsi :

  O riant Gemenos! ô vallon fortuné!
  Tel j'ai vu ton vallon de pampres couronné,

Que la figue chérit, que l'olive idolâtre,
Etendre en verts gradins ton riche amphithéâtre !

Le morceau obtint le succès réservé à tous les vers de l'abbé Delille. M. d'Albertas, excellent gentilhomme, doué d'une très grande bonté de cœur, triomphait de joie en écoutant les vers qui célébraient son *Tempé provençal*. Cette joie était la dernière de sa vie ; il allait tomber bientôt sous le poignard d'un assasin dans cet oasis délicieux, plein d'ombres et de cascades, où s'élevaient les quatre tours de son château seigneurial de Gemenos.

Un souper splendide termina cette soirée littéraire et pastorale. Comme il arrive toujours en pareille occasion, les convives ne firent rouler l'entretien que sur la prose et les vers qui venaient d'être lus.

M. de Castellane surtout imprima un mouvement très vif à la conversation de table par une réflexion qui parut fort juste.

— Nous avons, dit-il, à quelques lieues d'Aix, un château qui me rappelle une pensée et un penseur...

— Le château de Vauvenargues, dirent plusieurs voix.

— Oui, messieurs. Eh bien ! Vauvenargues a dit que *les lettres reflétaient la société*. Pensée d'une précision et d'une vérité incontestable. La société française, si agitée sous la Fronde et pendant nos dernières guerres de religion, est aujourd'hui dans une assiette calme dont elle ne sortira plus, car l'expérience instruit les hommes. Aussi, que font les écrivains, les musiciens, les poëtes? Ils écrivent, ils composent, ils chantent selon les goûts tranquilles de notre société. On enthousiasme la France avec le simple récit des amours de deux bergers. Nos mœurs sont si douces qu'elles ne demandent pas d'autre littérature, et nos écrivains répondent à ces heureuses exigences par des œuvres naïves, par des chants simples dignes de l'âge d'or.

Cela est fort juste, dit M. de Florian ; les écrivains, avant de composer, écoutent le public, et ne lui donnent que ce qu'il demande ; on ne peut avoir des succès qu'à ce prix. Ainsi, par exemple, si aujourd'hui un poëte embouchait la trompette guerrière ou provoquait le peuple à se révolter contre les rois, ce poëte n'aurait pas un lecteur.

— Pas un! dirent plusieurs convives, et quelques hommes d'État de 1788.

— Aussi, poursuivit M. de Florian, je dirai, moi, comme M. Rousseau de Genève, et avec bien plus de bonheur : *J'ai vu les mœurs de mon siècle, et j'écris des pastorales.*

— Très-bien! très-bien! M. de Florian! dirent les convives.

M. de Florian continua :

— Tous les abus énergiquement signalés par mon glorieux parent, M. de Voltaire, ont disparu. La guerre des encyclopédistes a fait son œuvre. L'azur vient après la tempête. Si M. de Voltaire, mort depuis neuf à dix ans, tenait encore aujourd'hui la plume, il écrirait des pastorales charmantes, avec des bergères du lac de Ferney.

C'est incontestable! s'écria le noble auditoire, et M. Rousseau de Genève aussi!

— Mais lui aussi! poursuivit M. de Florian ; M. Rousseau, remarquez-le bien, a toujours eu un certain penchant pour le genre pastoral. Il a écrit une infinité d'églogues sans le savoir ; que ne ferait-il pas aujourd'hui en ce genre, s'il voyait le royaume lui demander des pastorales, et plus de *Contrat social?*

— Il est évident, dit M. Delille, que M. Rousseau de Genève serait aujourd'hui dans les bergeries comme nous. Au reste, à mon avis, il n'a rien fait de mieux que son *Devin du village.*

— *Capo d'Opéra*, remarqua le jeune Chérubini.

— Oui, un chef-d'œuvre ! dit M. de Florian, et jamais la musique française n'ira plus loin.

La discussion, en s'échauffant, entra bientôt dans d'autres domaines, où nous ne la suivrons pas ; il nous aura suffi d'esquisser un coin de ce tableau historique où la société française s'endormait, avec cette bienheureuse insouciance, sur le seuil de 89. Les convives remplissaient la salle de leurs voix, de telle sorte qu'il eût été difficile d'entendre une conversation isolée, tenue à l'une des extrémités de la table, entre une jeune femme et un poëte qui n'avait pris aucune part aux débats généraux.

— Oui, madame, — dit le poëte pour répondre à une de ces demandes oiseuses qui sont le prétexte d'un début de conversation ;— oui, j'aime le rôle d'auditeur.

— Pourtant, monsieur, vous êtes poëte aussi? demanda la jeune femme.

— Poëte ! madame, je ne sais pas trop bien... j'en doute... J'étais sous-lieutenant dans royal-angoumois, et aujourd'hui je ne le suis plus. J'étais peut-être aussi poëte hier, et aujourd'hui..

— Aujourd'hui, monsieur, vous auriez encore perdu une sous-lieutenance en poésie ! Vous ne tenez donc pas à vos emplois ?

— J'essaie, madame, j'essaie la vie.

— Vous êtes né dans un pays bien inspirateur... à Constantinople...

— Madame, ce pays inspirateur n'a pas fait un poëte d'un seul Turc.

Constantinople attendait sans doute les quatre fils de M. le consul général Chénier.

— Je vous remercie pour mes frères, madame.

— Me permettez-vous d'être indiscrète, monsieur Chénier?

— Oh! madame, la jeunesse, la grâce, la beauté, n'ont pas le droit de demander une permission.

— Je vous ai regardé attentivement, lorsque M. de Florian lisait son *Estelle*, et lorsque M. l'abbé Delille récitait ses vers, et votre visage n'a pas reflété le feu de l'enthousiasme général.

— Madame, mes admirations sont toujours intérieures. M. de Florian, et M. l'abbé Delille, sont deux écrivains d'un très-grand mérite. En France, on ne réussit jamais qu'avec beaucoup de talent : ils ont réussi.

— Il paraît, monsieur, que je suis bien maladroite dans mes questions...

— C'est sans doute moi, madame, qui ai perdu l'habitude de répondre, depuis ma sortie de mon régiment.

— Voyons! je serai plus claire cette fois, monsieur. Quel est votre opinion sur l'*Estelle* de M. de Florian?

— C'est l'élégante traduction de beaucoup de nos tapisseries. Les bergères et bergers sont tout ce que vous voudrez, excepté des bergers et des bergères.

— Il paraît, monsieur, que vous avez très bien repris l'habitude de répondre. On dirait que vous allez rentrer dans royal-angoumois.

— Oh! j'ai servi l'Etat six mois, madame; il y a la moitié d'une année de trop. Ce n'est pas ma vocation.

— Je voudrais bien aussi, monsieur Chénier, connaître votre opinion sur les vers que M. l'abbé Delille nous a si bien récités.

— En effet, madame, il récite admirablement.

— Oui, mais votre opinion sur...

— Ah! oui!... Eh bien! ces vers-là sont écrits avec beaucoup de facilité... mais je vous avoue que je n'aime pas trop des vers dans le genre de celui-ci :

Que l'olive chérit, que la figue idolâtre.

Ce n'est pas ainsi, je crois qu'un poëte doit peindre

cette admirable vallée thessalienne de Gemenos. A tous ces vers faciles, élégants, mais froids, je préférerais toute ma vie un quatrain qui m'a été récité hier chez un avocat au parlement. Ce quatrain est de votre compatriote M. de Valbelle, qui a été l'heureux amant de Mademoiselle Clairon de la Comédie-Française. Un soir, ils se promenaient tous les deux dans le parc de Tourves, ici près d'Aix ; Mademoiselle Clairon regardait une étoile avec des yeux de convoitise, et Valbelle lui fit ce quatrain qui vaut une constellation, à mon avis :

La nuit, quand sous un ciel sans voile,
L'heure d'amour vient à sonner,
Ne regarde pas cette étoile,
Je ne puis pas te la donner.

André Chénier récita ces vers avec une admirable expression de sentiment, et ses yeux, qui avaient emprunté leur azur limpide au Bosphore natal, rayonnèrent sous un front large tout rempli d'avenir.

La jeune femme regarda fixement le poëte, et deux larmes mystérieuses, deux perles de tristesse vague, roulèrent sur ses belles joues. André Chénier pensait aux poétiques amours de M. de Valbelle et de Mademoiselle Clairon.

— Avez-vous fait une réflexion quelquefois? dit la jeune femme en revenant au sourire, qu'il faut peu de chose pour être triste à la fin d'un souper fort gai?

— Oh! non pas pour tout le monde, Madame. En général, la gaîté s'excite elle-même par des procédés factices ; elle étourdit toutes les têtes, elle fait même violence à des convives dissidents, et c'est alors qu'elle donne la tristesse à un coin philosophique de table où on la regarde passer.

— C'est probablement, dit la jeune femme, le souvenir de ce pauvre M. de Valbelle qui m'a émue tout à l'heure. C'était un ami de ma famille, un homme charmant.

— Madame, je suis désolée d'avoir eu cette absurde idée égyptienne d'introduire un cercueil dans cette salle de festin.

— C'est une admirable idée, monsieur ; les Egyptiens avaient raison... Oh ! ce n'est pas le nom de Valbelle qui m'a mis la tristesse dans l'âme..., je vous accuse injustement..., il y a comme un nuage de sang qui a passé devant mes yeux..., je dois être horriblement pâle, n'est-ce pas ?

— Vous dites cela en riant, madame, aussi je ne m'alarme point... vous avez des couleurs éblouissantes... voilà un miroir qui n'est pas intéressé à mentir pour vous rassurer.. Ne croyez pas en moi, mais croyez en lui.

La jeune femme se leva lentement et mit son charmant visage à quelques lignes du miroir ; puis reprenant sa place, elle dit avec calme :

— Je suis très pâle, en effet ; vous savez mentir galamment, M. Chénier.

— Madame...

— Oh ! nous avons là un juge de Venise qui a cassé votre jugement.

Elle passa du sourire au recueillement et dit : Nous avons toujours eu de ces pressentiments sinistres dans nos familles militaires... Quand mon oncle fut tué sur la *Belle-Poule*, que commandait M. de la Clochetterie, ma mère, à l'instant même de cette mort, pâlit devant son miroir... Mon mari est en mer avec son vaisseau en ce moment, il court quelque grand péril... Vous verrez, monsieur Chénier... prenez la date de ce jour... les Gauloises du Rhône ont aujourd'hui comme autrefois le génie du pressentiment.

André Chénier regardait la jeune femme avec des yeux d'une expression étrange. Les convives se retiraient ; les porteurs de chaises remplissaient le vestibule, les porteurs de torches éclairaient la rue, on croisait les adieux, on se promettait de se revoir, on se félicitait d'une soirée si belle. André Chénier suivait encore des yeux la jeune femme, et ne voyait qu'elle dans ce monde brillant, qui ne regardait que lui-même.

En ce moment, M. de Castellane l'aborda et lui dit :

— Aurons-nous encore quelque temps le plaisir de vous voir parmi les nôtres?

— Hélas! non, dit le poëte, je pars dans deux jours pour Paris ; mon père m'attend rue de Cléry, n° 97.

— Vous aviez une bien charmante voisine à table...

— Oh! délicieuse!... Je n'ai pas eu le courage de lui demander son nom...

— C'est Mme la comtesse Marguerite de G...

— Ah!... c'est la femme d'un officier de la marine royale ?

— Son mari commande le vaisseau du roi l'*Epervier*, parti en mission pour le Sénégal.

André fit un signe d'indifférence, et saluant son interlocuteur, il suivit un domestique et monta le grand escalier de l'hôtel.

Ces deux chapitres sont comme le prologue de l'histoire qui va commencer.

III.

UNE LETTRE.

Selon sa vieille habitude, le printemps rajeunissait les beaux arbres du bois de Satory, près de Versailles ; les fleurs agrestes, les vertes pelouses, les buissons odorantes, se réveillaient avec les premières aurores d'avril, comme si les hommes eussent continué de jouir des fraîches richesses dont la nature se pare pour eux, après les ennuis de l'hiver.

C'était le printemps de 93 : deux hommes, vêtus avec une simplicité plus que modeste, s'étaient assis, un peu à l'écart des sentiers battus, dans le bois de Satory ; le plus âgé paraissait avoir quarante-cinq ans environ ; sa figure douce et intelligente, se voilait de mélancolie ; son compagnon était un jeune homme de trente ans, de taille moyenne, avec de beaux cheveux noirs, un front large, des yeux d'un bleu d'iris et des traits énergiques : deux poëtes illustres : le premier était Roucher, le second André Chénier.

André Chénier ouvrait une lettre qui paraissait fort longue, à en juger par la grosseur de l'enveloppe, et il disait à son ami :

— Voici une lettre qui vient de m'être remise, non par le facteur, mais par un messager mystérieux. Personne ne passe dans ce désert. L'abri est bon. Il ne faut rien négliger, dans le temps où nous sommes, ni les avis des inconnus. Lisons... il n'y a point de signature :

« Parmi tous les hommes qui s'agitent en France, depuis 1789, aucun peut-être n'a trouvé un loisir pour se donner un regard à lui-même. Chacun d'eux a passé son temps à regarder les autres, et à travers la brume sanglante de cette bataille civile qui dure depuis quatre années, personne à coup sûr n'a distingué exactement même les traits de son voisin. On ne s'est pas étudié; on s'est heurté; le fort a renversé le faible. Personne ne s'est connu. La fièvre générale est si ardente, que tous les naturels, toutes les vocations, tous les instincts se sont déplacés, de sorte que ceux qui étaient nés pour vivre patriarcalement au sein de leurs familles ont mis la main sur la hache, et nous ont apparu dans des auréoles sinistres, avec la livrée du bourreau, tandis que d'autres qui avaient au cœur l'énergique tempérament des passions se sont effrayés d'eux-mêmes, en regardant fonctionner les autres, et ils vivent aujourd'hui à l'écart, tranquilles et ignorés. Votre auteur favori, Bernardin-de-Saint-Pierre, parle d'un cataclysme terrestre qui bouleversa toutes les zones, et mit les régions de l'équateur et les régions du pôle à l'équateur. Cette théorie empruntée à l'ordre physique est applicable à l'ordre moral. Le sang est monté au cerveau de la France. Il y a perturbation violente dans toutes les zones du corps social.

« Recueillez-vous, dans le coin le plus secret de votre âme, André Chénier; saisissez au vol, dans nos ténèbres extérieures, un de ces éclairs que Dieu envoie aux nuits les plus sombres, et osez ensuite vous avouer à vous-même que vous étiez né pour vivre comme vous avez vécu depuis quatre ans. Constantinople fut votre berceau; une femme grecque fut votre mère; la langue des grands poëtes fut votre premier ami; la mer fut votre première amante. Vous avez ensuite traversé l'archipel, comme votre aïeul, Homère; vous êtes arrivé en Europe avec une immense provision de poésie, de notes mélodieuses et d'amour, et qu'avez-vous fait de ces trésors que Dieu laisse tomber, dans les landes humaines, sur une tête de prédilection?

« Vous avez pris le jargon des autres, au lieu de leur imposer votre langue; vous avez écrit des pamphlets vulgaires; vous avez engagé une polémique avec Brissot et Collot-d'Herbois; vous avez écrit des satires en prose contre Pierre Manuel, procureur-général de la commune de Paris; vous vous êtes associé avec des idéologues, et l'âme de votre vieux père s'est abreuvée d'amertume, lorsque les gazettes parisiennes ont retenti de vos tristes querelles avec votre frère Marie-Joseph! Et voilà où l'irrésistible entraînement des passions politiques précipite les âmes les mieux faites! Au nom du principe républicain de la fraternité, vous vous êtes déchirés entre frères, Marie-Joseph et vous! Vous avez donné au monde ce triste problème à résoudre : lequel des deux sera Caïn? Vous, poëtes tous les deux! vous n'avez jamais songé à votre mère, lorsqu'elle vous tenait embrassés sur ses genoux, sous l'arbre du Bosphore! Vos yeux ne se sont pas tournés une seule fois vers cette tombe auguste! Vous avez oublié votre mère pour Collot-d'Herbois et Brissot, pour Garat et Cabanis! Oh! qu'elle est noble et belle, la politique qui entraîne deux poëtes à cette fratricide fraternité! »

André Chénier suspendit la lecture de cette lettre, et dit d'une voix émue à Roucher :

— Je voudrais bien savoir qui peut m'écrire cela... Avez-vous quelque nom à mettre au bas d'une pareille épître?

— C'est aussi ce que je cherche en écoutant, dit Roucher... Ce n'est pas une lettre de Pange...

— Oh! de Pange ne perdrait pas son temps à m'écrire; il me parlerait....

— Serait-ce un des frères Trudaine?

— Non... par la même raison... il faut pourtant que

ce soit un homme qui me porte un bien vif intérêt, car en ce moment, chacun est enclin à l'égoïsme ; les préoccupations personnelles absorbent l'individu et lui font oublier le prochain.

— En réfléchissant mieux, — dit Roucher après une pause, je crois qu'il n'y a qu'une femme qui ait eu l'idée d'écrire cette lettre... Les hommes ne se placent jamais à ce point de vue dans les questions politiques. Tous, dans leurs partis, ont des théories inflexibles, et pas un ne transige avec les froids contrôleurs qui parlent au nom de la philosophie et de l'humanité. Un homme, au temps où nous vivons, n'oserait pas écrire ces choses : il craindrait trop cette banale réponse, qui ne répond pas et répond à tout : Vous n'entendez rien à la politique, vous qui parlez ainsi. Il y a des raisons suprêmes de patriotisme et de salut public qui emportent toutes ces mesquines considérations domestiques ; il faut être citoyen avant tout.

— Oui, je crois que vous avez raison, Roucher ; c'est une femme... une femme que je ne connais probablement pas et qui s'intéresse à ma destinée... Oui, les femmes et les hommes ne s'entendent jamais en politique ; nous parlons avec la tête, elles parlent avec le cœur... achevons cette lecture :

« André Chénier, vous avez méconnu votre vocation ; à votre début dans la vie, vous prites l'ardeur des nobles instincts pour la passion des armes, et vous embrassâtes la carrière militaire. Le dégoût vint bientôt ; vous reconnûtes que le métier de soldat n'était pas le vôtre, et vous vous fîtes voyageur.

» Quand la révolution eut éclaté, vous avez subi l'entraînement des idées généreuses, et vous êtes devenu publiciste. Un jour, sous les ombrages de Passy, la Muse grecque, votre mère, vous conseilla les deux loisirs et le sacerdoce du poëte ; elle vous apportait la lyre aux sept cordes, et votre main se tendait déjà pour la saisir, mais Cabanis entra et vous présenta une plume, et vous écrivîtes, au lieu du poëme étendu, une brochure intitulée : *Avis aux Français sur leurs véritables ennemis*.

» Un autre jour dans le bois d'Auteuil, vous aviez des fleurs à la main, une herbe molle sous vos pieds, des chants d'oiseau sur votre tête, autour de vous toutes les grâces des aurores d'avril ; déjà vos lèvres murmuraient des vers sur le mode d'Ionie, lorsque votre ami Garat vous rencontre et vous fais publier votre fameux *Numéro treize* du *Journal de la Société de* 1789. Dès ce moment, votre muse replia ses ailes, et vous fûtes créé rédacteur en chef de la *Gazette de Paris*, et Homère écrivit l'Iliade du club des Jacobins.

» Oh ! j'entends d'ici votre justification, et tout honorable qu'elle soit, je ne l'admets point : Oui, dites-vous, celui qui, dans les convulsions de son pays, tient en main l'arme de la plume, doit combattre pour le triomphe des grands principes de l'ordre et de l'humanité, dût-il périr sur ce champ clos du citoyen ! Cela est vrai pour beaucoup ; mais vous, André Chénier, vous n'aviez rien à espérer sur ce champ-clos, qui n'est pas l'arène olympique. Vous avez beau dominer de toute la tête les écrivains que vous combattez, ils auront raison contre vous ; ils vous écraseront toujours. Un écrivain dogmatique, sec, pédantesque, froid, sobre et contenu par impuissance, vous terrassera dans cette lutte ; on dira de lui qu'il est sérieux et profond ; on dira de vous, que vous êtes superficiel et poëte. Vous succomberez sans profit pour votre cause, sans gloire pour votre nom.

« La main qui écrit ces lignes n'a jamais serré la vôtre, André Chénier, mais le cœur qui conduit cette main compte de loin tous les battements de votre cœur ;

mais une voix prophétique sort des froides pages que vous lisez en ce moment, et vous crie de déposer le ceste du lutteur, et de prendre la lyre du poëte, c'est-à-dire de rentrer dans le sentier votre seule et réelle vocation. La providence, qui veut sauver ses élus, se sert quelquefois d'une indigne main pour écrire ses avertissements, elle a peut-être choisi la mienne aujourd'hui : ainsi ne méprisez point ce qui vous paraît monter de bien bas, car si j'en crois un pressentiment, cela descend de bien haut. »

— Il est impossible d'en douter, dit André, c'est une femme qui m'envoie cette lettre... regardez d'ailleurs l'écriture, elle a un sexe; les caractères en sont timidement tracés, il y a absence complète de ponctuation... les lignes montent de gauche à droite, et perdent le niveau... c'est une femme...

— Et très-probablement encore, dit Roucher, elle habite Versailles.

— Sans aucun doute, et personne pourtant, je crois, ne sait que j'ai choisi cette retraite.

— Personne, excepté cette femme, remarqua Roucher...

C'est encore vrai, puisqu'elle m'écrit et qu'elle m'envoie un messager que je trouve en sortant sur la porte de ma maison.

— Et elle veut rester inconnue, dit Roucher, puisqu'elle ne demande aucune réponse, et n'indique aucune adresse.

André Chénier réfléchit quelques instants, et dit :

— Oh! je la trouverai! je la trouverai! j'en suis certain.

— J'en doute, dit Roucher.

— Vous verrez, mon ami.

— André, si nous vivions en temps ordinaire, la chose serait facile, mais nous ne sommes pas trop libres dans nos mouvements, et ce n'est pas lorsque l'on craint soi-même d'être découvert, qu'on peut songer à découvrir les autres.

— J'ai prévu votre difficulté dans mon plan ; elle n'existe plus. Je trouverai cette femme sans sortir de chez moi.

Un sourire triste comme tous les sourires de cette époque traversa le visage du poëte Roucher, il dit ensuite :

— Mon ami, vous avez fait beaucoup de remarques sur l'écriture de cette lettre, et beaucoup de conjectures sur l'auteur présumé. Maintenant, je voudrais savoir ce que vous pensez des leçons et des avertissements de l'inconnu ou de l'inconnue...

— Oh ! de l'inconnue ! dit Chénier en réfléchissant.

— Eh bien ! soit ! de l'inconnue, puisque le sexe est admis. Voyons ! qu'en pensez-vous ?

— Mais mon ami, si je ne pensais pas qu'elle a cent fois raison est-ce que je me soucierais de la connaître ? Il n'y a qu'une femme supérieure qui puisse penser et écrire ainsi... Je la crois jeune... très-jeune... Au temps où nous sommes, une vieille femme s'enferme dans sa maison et ne se mêle plus de ce qui se passe au dehors... elle est jeune...

— Cependant, interrompit Roucher, cette lettre annonce une certaine expérience...

— Eh ! mon Dieu ! ces quatre dernières années ont donné de l'expérience aux enfants ! De ce côté, tout le monde est vieux.

— Bon ! dit Roucher en souriant ; nous avons admis qu'elle est femme et qu'elle est jeune ; admettons-nous encore qu'elle est belle ?

— C'est incontestable ! elle est belle ! Les pensées que renferme cette lettre sont de la nature de celles qui se reflètent sur le visage et dans les yeux ; l'âme doit étinceler à toutes les lignes de ce visage inconnu ; en lisant sa lettre, je la vois.

— Chénier, — dit Roucher avec un soupir, il y avait bien longtemps qu'un pareil entretien ne s'était rencontré sur notre chemin.

— Hélas! oui, mon ami ; et c'est la faute des révolutions... Il y a beaucoup d'hommes qui ne peuvent vivre que dans les agitations de la rue ou du sénat, et qui meurent d'ennui si ces émotions leur manquent. Ces hommes nous entraînent violemment à eux, nous qui savons vivre avec la moindre des choses de la nature, un rayon de soleil ou d'étoile, l'ombre d'un arbre, le parfum d'une fleur. Si nous disions à ces hommes de venir à nous pour lire des vers, regarder la nature et parler des mystères de l'âme et des voluptés de la vie, comme ils nous accableraient de leurs dédaigneux refus! et nous allons à eux, nous, imbéciles que nous sommes! Et vous, mon pauvre ami Roucher, vous qui savez si bien vous faire tout un jour de bonheur avec douze vers sur le printemps, vous cédez aussi à l'entraînement commune vous vous mêlez à un monde étrange qui ne parle pas votre langue, qui n'a pas vos goûts, vos mœurs, vos habitudes, votre religion, vos amours!

— Eh! il le faut bien! dit naïvement Roucher ; puisque ces hommes ne veulent pas venir faire avec moi douze vers sur le printemps, il faut bien que j'aille à eux pour écrire douze pages sur les droits de l'homme.

— Oui, Roucher, voilà bien la logique humaine! Nous sommes obligés d'amuser les ennuis de tous ces gens-là, nous qui n'avons besoin de personne pour être heureux avec nos innocentes fantaisies de poëtes! Mais nous nous sommes assez sacrifiés à leurs menus plaisirs; vivons un peu pour nous, maintenant.

Les deux poëtes avaient ainsi terminé leur promenade, et ils rentraient dans une petite maison, presque isolée et presque toute couverte par deux beaux arbres qui semblaient s'être détachés de la forêt voisine, pour voiler un asile de proscrits.

Une vieille femme ouvrit la porte, et André fit la demande d'usage.

— Rien de nouveau?

— Rien, fut la réponse.

— Est-ce que par hasard, dit Roucher, vous attendez déjà des nouvelles de la jeune et belle femme qui vous a écrit?

— Roucher, dit Chénier en souriant, votre raillerie est toujours charmante, et je crois avec peine que je n'en jouirai plus demain.

— Demain! André! quoi, en si peu de temps, la mystérieuse correspondance aurait laissé tomber son voile!

— Oui, mon ami, si nous avons demain, comme aujourd'hui une aussi belle journée de printemps.

IV.

UN VIVANT INHUMÉ.

La petite maison où les deux poëtes avaient cherché un abri comme deux alcyons battus par l'orage s'élevait autrefois, ou, pour mieux dire, s'abaissait sous la côte qui monte de Versailles à l'hippodrome de Satory.

Le soir, à l'heure où le soleil semble toucher la cime des forêts, André Chénier avait choisi un observatoire derrière une persienne de sa maison, et attachait des regards de curiosité ardente sur le chemin qui monte à Satory.

Deux femmes suivaient lentement la lisière des arbres du côté de la petite maison : leur costume fort simple n'indiquait aucune différence dans les condition et leur fortune, mais un œil exercé ne pouvait se méprendre : l'une avait dans son maintien quelque chose de timide et de respectueux qui annonçait une infériorité de position ; l'autre malgré certains efforts trop évidents tentés pour dissimuler la noblesse et l'élégance de se habitudes, devait à coup sûr être une femme de distinction, une des radieuses étoiles soudainement éteintes sous les lambris de Versailles par le canon du 10 août.

André suivait depuis longtemps tous les mouvements de cette femme, qui paraissait avoir choisi la côte de Satory pour but de sa promenade du soir ; elle ne lui parut pas cheminer au hasard, comme pour respirer la fraîcheur du soir. Par intervalles, ses yeux, presque toujours attachés sur le sol, se fixaient sur un seul point semblaient choisir toutes les éclaircies de verdure, à travers lesquelles on pouvait voir la maison d'André

Chénier. Cette préméditation devint encore plus évidente lorsque les deux femmes côtoyèrent le mur du jardin. Celle qui trahissait la grande dame par sa démarche leva la tête et regarda la fenêtre d'André avec une attention soutenue; ce mouvement mit son visage à découvert... c'était un visage inconnu.

Une subite irritation permit de saisir l'ensemble des traits de cette femme; sa figure avait tout l'éclat des florissantes années de la jeunesse; on y voyait surtout une distinction suprême, qui formait un singulier contraste avec la bourgeoise simplicité de la coiffure et la modestie du fichu et du mantelet.

André la vit passer devant lui et disparaître tout de suite derrière les arbres; il appuya ses coudes sur le bord de la fenêtre, sa tête sur ses mains, et chercha dans ses souvenirs; mais n'y trouva point cette femme; c'était vraiment pour lui une inconnue; elle révélait pour la première fois, et avec des circonstances qui autorisaient à penser qu'elle seule avait écrit la lettre sans nom; le doute, s'il en restait encore, s'évanouit tout à fait au tomber du jour.

La jeune femme, en descendant la côte, passa une seconde fois devant la petite maison, et elle s'arrêta même un instant à la faveur du crépuscule, déjà fort sombre sous les arbres. Chénier ne crut pas devoir perdre le temps à faire des conjectures, lorsqu'il lui était si facile d'aller droit à la vérité : il descendit rapidement les quatre marches de son premier et unique étage, traversa au vol son petit jardin, ouvrit la porte et arriva encore assez à temps favorable sur la chaussée, pour distinguer les deux femmes, comme deux hombres élyséennes, dans un massif d'arbres un peu à l'écart de la lisière du chemin.

André doubla le pas et s'avança cette dans direction, en se faisant éclipser par les arbres; la stratégie qu'il avait improvisée était fort simple et juste : il suivait la mystérieuse femme sans être vu jusqu'aux limites de la ville; arrivé là, il devenait un passant ordinaire, il n'éveillait aucun soupçon, et toujours marchant sur les mêmes traces, il allait découvrir infailliblement la maison où cette femme demeurait.

Les plans infaillibles sont toujours ceux qui ne réussissent pas. André qui avait fixé la ligne de son œil sur les deux femmes, les perdit de vue un seul instant, et ne les revit plus. Cet instant avait suffi pour rompre la ligne; tous les efforts tentés pour la renouer furent inutiles. André se trouva dans un désert. Il y eut deux mystères pour un; mais ce qui resta au cœur du jeune poëte lui donnait une vie nouvelle, et lui promettait les joies de l'avenir : une céleste apparition ne lui eût pas donné plus d'extases divines. Tous les orages du passé, tous les jours néfastes s'évanouirent dans sa mémoire; il y avait une femme jeune et belle qui veillait sur lui, comme un ange gardien terrestre et qui purifiait par son dévouement l'atmosphère lugubre appesantie sur tous les fronts, dans les heures de ces tristes jours.

Entraîné par les réflexions, André ne s'était pas aperçu qu'il marchait au hasard et dans une direction qui l'éloignait de son asile, car il venait d'entrer dans une de ces rues solitaires du quartier de l'église Saint-Louis. La maison du comte de Pressy s'élargissait devant lui; ce gentilhomme de l'ancienne cour était un de ses amis intimes; il connaissait le ci-devant beau monde de Versailles; il n'y avait pas un meilleur livre de renseignements à consulter.

Avant de toucher le marteau de cuivre de la porte, il regarda la façade de la maison. Toutes les fenêtres étaient fermées sur un trible rang; pas un rayon de lumière intérieure n'éclairait une seule persienne. On pouvait donc croire que cette demeure avait été abandonnée par les maîtres dans cette époque d'émigration à peu près générale. Cependant Chénier souleva le lourd marteau, qui retomba en réveillant l'écho du vestibule. Ce premier coup ne fit pas remuer la porte, mais le second fit entr'ouvrir une fenêtre et paraître une tête blanche qui se penchait sur la rue avec précaution. Chénier se montra et se nomma.

Un instant après la porte grinça sur ses gonds, et Chénier entra dans un vestibule sombre et vaste à peine éclairé par la lampe du domestique. M. de Pressy est-il en son hôtel? demanda le poëte.

— Oui, monsieur Chénier.

Le domestique précéda le visiteur et le conduisit vers le jardin ; il ouvrit ensuite une porte, et Chénier se trouva dans un salon superbe, tout illuminé de girandoles et peuplé par un triple cercle de fauteuils.

— Je vais annoncer M. André Chénier, dit le domestique en se retirant.

Le poëte resta confondu d'étonnement devant cet appareil de fête, devant ce luxe des plus beaux jours de la monarchie. On aurait dit que le roi était encore à Versailles, et que M. de Pressy donnait un bal ce soir-là aux nobles familles de la cour.

Ici le narrateur est tenté de suivre un ancien usage et de tracer le portrait physique et moral de M. de Pressy; mais nous aimons mieux le laisser se peindre lui-même, ou se sculpter dans son relief historique, avec sa parole et son action.

M. de Pressy entra, vêtu, coiffé, parfumé, comme pour un lever de l'œil-de-Bœuf. On eût dit qu'il venait de poser devant Roucher, et que son portrait était attendu à la galerie de Trianon.

— Comment! c'est vous, cher poëte! dit-il en serrant les mains de Chénier. Vous négligez donc bien vos ennemis? J'espère que vous ne venez pas demander un service. Vous savez que je suis mort, depuis le 10 août 1792 ; mort et inhumé ici ; en attendant de ressusciter, je l'espère bien, quand le roi sera libre, dans peu, n'est-ce pas, mon cher ennemi?

— Mon cher Pressy dit Chénier, votre domestique me connaît mieux, il n'ouvre sa porte qu'à vos amis.

— Ainsi, mon cher poëte, la révolution ne nous a pas brouillés ?

— Oh ! certainement non.

— Maintenant, écoutez-moi mon cher André, j'ignore le motif qui vous amène chez moi : mais avant de vous écouter, je dois vous adresser la recommandation que je fais aux rares amis qui me visitent. Il leur est défendu de m'apporter la moindre nouvelle du dehors. Je ne veux rien connaître, je ne veux rien lire, je ne veux rien voir. Mon domestique est muet devant moi. Le 10 août, j'étais aux Tuileries ; vous savez peut-être que je m'y suis conduit avec honneur. Le lendemain j'ai dit, comme Hector : *Sat patriæ Priamoque datum*; et je suis venu m'ensevelir ici à trente quatre ans, de mes propres mains. J'ignore, et je veux ignorer tout ce qui s'est passé depuis ce moment.

Les révolutions ont à mes yeux un tort immense, elles sont ennuyeuses. Je me suis conseillé un jour d'émigrer. Emigrer pour aller où ? en Angleterre? ou en Allemagne? deux pays trop tristes pour les gens gais! Il faut que je voie, tous les matins à mon réveil, le clocher de la chapelle de Versailles; c'est pour moi ce qu'est pour le marin le grand mât du vaisseau où il est né. Ce clocher me manquera partout : je reste ici. Vous le voyez, cher poëte, je n'ai rien changé à mes habitudes d'intérieur. Je suis en toilette de petit souper.

Ce soir, jeudi, c'est mon jour de réception et mon salon bleu est en habit de fête. Justement, vous arrivez à propos... Vous me regardez avec des yeux ébahis, mon cher poëte ; vous rougissez déjà de vous trouver ce soir en compagnie de belles dames, avec votre costume grotesque de Girondin qui passe au Montagnard. Rassurez-vous ; c'est mon jeudi de réception, mais je ne reçois personne. Ma famille a toujours reçu les jeudis. Je fais mon devoir, quoi qu'il advienne, et personne n'adviendra.

— Vous me mettez à l'aise, dit Chénier en souriant et j'étais sur le point de vous emprunter un costume de soirée...

— Comment avez-vous pu adopter cette livrée d'esclave ! — interrompit M. de Pressy, Vous êtes absolument vêtu de la même manière qu'un marbre antique qui représente un barbare demandant l'aumône ! Quant à moi je me ferai hacher à morceaux, avant de tailler mes cheveux à la Titus ou à la Caracalla, et d'adopter la carmagnole de drap d'amadou ! Au temps où on me disait encore quelque chose, ne m'a-t-on pas dit qu'il y avait eu des hommes assez révolutionnaires pour adopter le pantalon, comme les bouffons de la comédie italienne ! Si cette mode aussi devient contagieuse, il faut désespérer du bon goût français ! Figurez-vous un gentilhomme et un poëte en pantalon ! Oh !

M. de Pressy accompagna cette dernière phrase d'un éclat de rire en sourdine, en prenant la main de Chénier, il lui dit : Excusez-moi, cher poëte ; soyez tolérant pour un mort. J'ai fort peu d'occasions de parler dans ma tombe, et je paie en ce moment mon arriéré de prose étourdie au premier poëte venu... Voyons ! entrons dans notre sujet. Vous aviez une idée en venant chez moi. Parlez, je vous écoute.

— Oui, mon cher de Pressy ; c'est une idée qui m'a conduit chez vous... Mais, d'après tout ce que vous venez de me dire, je juge inutile de vous demander des renseignements quelconques, puisque vous n'appartenez plus au monde...

— Dites toujours, demandez, cher poëte... Qui sait si le hasard...

— Je compte aussi sur les hasards, — dit Chénier en interrompant; — je voudrais avoir quelques indications sur une jeune et belle femme...

— Son nom, Chénier?

— Je ne sais pas son nom.

— Sa demeure?

— Je ne sais pas sa demeure.

— Et que savez-vous sur elle?

— Rien.

— Vous êtes trop poëte, mon cher André; vous abusez de la naïveté d'une chaste muse, votre mère. Comment! vous venez chez moi vous instruire, avec de pareils éléments de succès!

— Mais, mon cher Pressy je ne puis pas tout vous dire, puisque...

— Ah! c'est juste, Chénier, je comprends ; vous vous souvenez de ma consigne... Il est expressément défendu à mes visiteurs de m'apprendre quelque chose du dehors. Je ne ferai pas même une exception pour vous, Chénier.

— Me voilà donc bien embarassé pour mes renseignements, à cause de votre consigne domestique...

— Essayez pourtant, essayez, mon cher poëte de me dire quelque chose en ne m'apprenant rien.

— C'est une femme d'une taille au-dessus de la moyenne, avec une robe de...

— Prenez garde, Chénier, voilez la consigne; vous allez m'apprendre quelque infernale mode qui va m'irriter le sang!

— Bien! je ne parlerai pas de la robe... Mais la coiffure?

— Encore moins! Dieu me garde de savoir comment les femmes se coiffent aujourd'hui! Elle ne se coiffent peut-être pas du tout!

— Je supprime donc encore la coiffure... elle a une figure pleine de distinction, de forts beaux yeux noirs, de charmants contours de corsage, une tournure de ci-devant comtesse, et surtout des pieds mignons, comme on en trouve peu, des pieds qui paraissent se poser avec répugnance sur un chemin battu, ce qui me fait croire qu'ils sont habitués à glisser sur des parquets doux, des marbres ou des tapis.

— Très-bien, Chénier ; et maintenant vous voulez que je vous éclaire, en me guidant sur ces observations. Ce serait difficile. Tout cela est trop vague. Ce signalement incomplet est celui de cinquante femmes de l'ancienne cour...

— Si je pouvais un peu m'écarter de la consigne...

— Allons ! Chénier, je vous permets une légère infraction ; mais n'abusez pas !

— Je puis vous montrer une lettre...

— Oh ! point de lettre ! vous abusez !

— Un fragment d'écriture ?

— Point de fragment ! l'adresse de la lettre suffira.

— Il n'y a pas d'adresse.

— Allons ! montrez-moi quatre lignes qui n'apprennent rien ; quatre lignes insignifiantes ; les lettres en sont pleines, de ces lignes-là.

Chénier s'éloigna de M. de Pressy, parcourut la lettre anonyme, et, quand il eut trouvé ce qui était demandé, il montra le fragment qui n'apprenait rien.

M. de Pressy lut et pâlit ; le plus morne abattement se peignit sur sa figure ; mais un effort surhumain se fit en lui, et, reprenant son sourire et sa grâce de gentilhomme, il rendit la lettre à Chénier, en lui disant : je ne connais pas cette écriture-là.

Chénier avait vu le trouble de M. de Pressy, mais il prit le maintien étourdi de l'homme qui ne s'est aperçu de rien :

— Je dois me résigner, dit-il, à subir mon énigme en attendant que le hasard m'en donne le mot.

— C'est le meilleur parti, dit M. de Pressy en affectant une grande insouciance.

— Il est d'ailleurs fort tard, dit Chénier en prenant congé, mon ami Roucher doit être dans l'inquiétude... Adieu mon cher de Pressy, adieu !

— Adieu, mon cher poëte, et souvenez-vous que je reçois tous les jeudis.

V.

DEUX FRÈRES.

Rentré dans sa petite chambre, le jeune poëte sentit éclater en lui des orages plus violents que tous ceux qui soufflaient sur la place publique depuis l'aube de 89. De quel œil de pitié il regarda les papiers, les manuscrits, les gazettes qui s'amassaient autour de lui ! une collection du *journal de Paris* et de ses suppléments, une liasse poudreuse d'exemplaires du fameux n° 13, une moitié d'édition de son *Avis aux Français*, un début de satire contre Brissot, et une foule de fragments au crayon de ses tragédies, que son frère Marie-Joseph appelait *impartiales*, à cause de l'innocence classique de leurs sujets :
— Et moi aussi, dit-il avec un sourire amer, — et moi aussi, j'ai assez vécu pour les autres; vivons pour moi! s'il fallait m'asservir à la morale politique des hommes, je laisserais flétrir ma jeunesse au souffle stérile de leurs folles agitations! Mais de quelle cité de la Pentapole maudite et incendiée par le feu du ciel sortent-ils donc ces hommes qui, sur leur sanglant chemin, ne se sont jamais arrêtés devant les regards d'une femme pour vivre et pour aimer?

Il ouvrit sa fenêtre, et comme à cette heure de la nuit il ne craignait pas d'être vu, ses regards se reposèrent et s'attendrirent devant le tableau d'une belle nuit d'avril. Les étoiles flottaient à la cime vaporeuse des bois, la douceur de l'air entrait comme un baume dans l'âme. Toutes les harmonies nocturnes parlaient une langue divine, comprise de tous, et que personne ne voulait entendre. Les villes dormaient à la hâte en préparant des haines nouvelles au lendemain.

André ramenait toujours ses yeux sur la place où la belle inconnue s'était arrêtée un instant pour regarder la petite maison. La nuit était fort noire aux pieds des arbres, et cependant on pouvait voir de la fenêtre une silhouette de corps humain qui s'agitait et n'avançait pas.

Chénier ne détacha plus les yeux de cette étrange apparition, qui, certainement ne pouvait être autre chose qu'un péril : son anxiété se prolongeant trop, il se préparait à descendre pour marcher droit au danger, lorsqu'une voix fredonna ces vers dans une langue étrangère.

> Sais-tu bien que tu t'exposes
> Aux surprises de l'émir,
> Forban de l'île des Roses,
> Qui, sous les portes mal closes,
> Choisis la nuit pour dormir ?

Oh! de toutes les harmonies de cette nuit, aucune ne mit plus d'extases au cœur du jeune poëte que cette strophe timidement fredonnée dans sa vieille langue des fils d'Homère! André retint un cri de joie, et franchissant l'escalier et le jardin en deux bonds, il tomba dans les bras de son frère Marie-Joseph Chénier, qui lui dit:

— Je ne veux être vu de personne, pas même de Roucher : j'aurais voulu même n'être pas vu de toi, mais la lettre que je t'aurais écrite ne me remplacerait pas en ce moment.

— Tu arrives de Paris, mon cher Joseph?

— A l'instant même ; j'ai évité la grande route ; je suis venu par les bois de Ville-d'Avray... Viens, éloignons-nous d'ici, André; allons nous entretenir un peu à l'écart, dans le bois.

Maria-Joseph et André s'éloignèrent de la route, et

quand ils se trouvèrent à une distance prudente des habitations, le premier dit à son frère :

— Mon cher André, hier, dix avril, Robespierre a formulé sa dénonciation contre les Girondins.

— Je m'y attendais : les Girondins sont perdus.

— Et avec eux, mon cher André, tous leurs partisans, tous les hommes d'une modération criminelle. Ton nom même a été prononcé, S'il n'y a pas encore de péril pour toi aujourd'hui, il y en aura demain : c'est inévitable. Je vois marcher les hommes et les événements : le tourbillon emporte tout.

— Eh bien ! mon cher Joseph, embrassons-nous étroitement, et que le tourbillon nous emporte tous deux sans nous désunir.

— Je lutterai, moi, mon cher André ; je résisterai ; j'ai des secrets de vie politique qui me sauveront peut-être ; mais toi, tu n'est qu'un poëte, un rêveur ; tu ne sais rien ; tu n'as rien préparé pour défendre ton passé contre l'avenir. Tu as irrité les puissants, tu as montré ton esprit aux imbéciles, et ton cœur de flamme aux hommes glacés. Il y a des notes sur toi dans toutes les mémoires vindicatives, on demandera ta tête, tu penseras qu'elle ne vaut pas la peine d'être disputée au bourreau ; par indolence tu la livreras, et l'histoire, menteuse comme toujours, gravera sur mon front le stigmate de Caïn...

— Jamais ! jamais ! interrompit André ; j'ignore ce que Dieu me réserve, mais je sais que jamais l'histoire ne flétrira ton patriotisme souvent exalté, toujours si pur ! ne calomnions pas ainsi nos confrères, les écrivains de l'avenir.

— Soit, je t'accorde cela, mon cher André ; l'histoire, juste une fois dans ses pages, ne m'accusera point mais le sang de mes veines, qui est ton sang, se révolte encore à l'idée que tu vas maintenant te reposer dans ta sécurité fatale, parce que je puis n'avoir rien à craindre, moi, des flétrissures de l'histoire! Est-ce que cela peut me suffire, André? Non, Je veux que tu vives; je veux que tu choisisses une terre d'asile où ton sommeil sera doux et ton réveil riant; je veux trouver pour ta jeune tête un chevet qui ne soit pas un billot.

— En vérité, mon bon frère — dit André en croisant les mains et levant les yeux aux étoiles — en vérité, je ne comprends rien à ce péril dont je suis menacé; je cherche dans mes souvenirs les crimes que j'ai commis, et que la mort seule peut expier, et je ne trouve pas ces crimes...

— Mon bon André, — interrompit Marie-Joseph, — tu es un enfant perpétuel; tu n'entendras jamais rien à la politique.

— Voilà justement, mon cher Joseph, une chose que j'ai lue hier dans une lettre.

— Quelle lettre?

— La lettre d'une femme.

— Bien! encore une femme! toujours des femmes! André, tu ne seras jamais un homme sérieux.

— Les hommes sérieux sont-ils ceux qui demandent une tête innocente comme la mienne, pour consolider l'état social?

— En révolution, mon bon André, il faut exclure la logique du raisonnement.

— Et avec qui raisonnerez-vous?

— Avec la passion.

— C'est l'antipode de la logique.

— C'est la logique des révolutions, mon cher André; c'est la *dure nécessité* dont parle Horace, *sœva necessitas*; c'est la loi imprévue qui éclate, dans une nuit, comme la fleur de l'aloës, et livre une tête aux exigences de l'heure, sans s'inquiéter des murmures du lendemain.

— Eh bien! mon bon Joseph, je ne comprends rien du tout à la logique des révolutions.

— Oui, mais la foudre qui te frappe ne te demande point si tu comprends le phénomène de l'électricité. Mon cher André, ne perds pas ton temps à disserter sur les météores ; pars demain ; vas revoir l'Angleterre que tu connais et où tu as laissé des amis. J'ai voulu donner toute sécurité à ton voyage : je t'ai procuré un passeport ; le voici. Ce papier renferme ta vie et la moitié de la mienne. On donne un remède à un malade et un passeport au proscrit.

— Mon cher Joseph, j'accepte le passeport...

— Et tu pars demain ?

— Demain.. non... Pourquoi demain ? le péril est-il donc si imminent !

— Oui, André, oui, très imminent... Faut-il te dire tout ? J'ai vu Robespierre ce matin ; je lui ai parlé : cet homme est sombre et voilé comme l'avenir ; mais il laisse tomber par intervalles des paroles brèves comme des oracles sibyllins, et, pour les oreilles intelligentes, il divulgue sa pensée entière, croyant la cacher. En sortant de cet entretien, j'avais appris Robespierre par cœur ; je le connaissais mieux qu'il ne se connaît lui-même, car je sais maintenant où il va ; je vois où la fatalité inflexible le pousse dans la grande tragédie qu'il va faire jouer au bénéfice du bourreau. Nous qui composons des œuvres de théâtre, nous savons prévoir le dénoûment dès les premières scènes ; quelle supériorité de divination n'ont-ils pas sur les autres hommes, les poëtes dramatiques devenus simples spectateurs ! Ainsi, voilà les Girondins mis en accusation hier ; déjà demain ils n'auront plus d'amis, eux qui ont failli fédéraliser la France ! C'est l'exposition du sujet. Le public arrive et se passionne ; il faut que l'action marche. Dans une tragédie que j'ai faite sur Charles IX, les protestants sont mis en accusation au premier acte ; on les massacre au dernier : telle sera la péripétie des Girondins. L'histoire se copie toujours, parce que les passions qui maîtrisent les événements sont toujours les mêmes ; parce que le torrent populaire emportera toujours comme le fleuve Araxe, dont parle le poëte, tout ce que d'imprudentes mains exposeront sur ces bords. Et ensuite, les Girondins anéantis, crois-tu que l'hécatombe sera suffisante? Non. L'histoire se copiera de nouveau.

Nous verrons les proscriptions de Marius et de Sylla; on entendra encore ces plaintes lugubres sur les môles de nos ports. — *C'est ma terre d'Albe qui me proscrit!* les agressions du dehors, les folles résistances du dedans introniseront la dictature de la Terreur; alors toutes les têtes ne seront retenues que par un fil sur les plus robustes épaules ; alors il n'y aura que des veilles d'agonie, et plus de lendemain. J'ai accepté cet avenir, moi ; je vais à lui, je cours à mon destin, sans regarder en arrière; je suis prêt à sceller de mon sang la liberté dont je ne jouirai pas et qui sera l'héritage des autres ; le sacrifice de ma vie est fait : perdu comme une goutte d'eau dans la cataracte de la révolution, je sais que je m'écroule, mais j'entrevois à l'horizon le fleuve calme qui fécondera le pays.

Mon sang doit suffire à une dette de famille, et je me crois assez d'énergie au cœur pour défendre ma tête contre le stupide caprice d'un bourreau! Toi, mon frère, tu t'es retiré de nos luttes, comme Entelle ; tu t'es réfugié sous le saint laurier des Muses; tu n'appartiens plus au Cirque ; va féconder ta jeunesse sous des cieux amis. Laisse-nous le dur labeur de rouler le roc de Sisyphe du vallon à la cime, et prie les dieux de t'ouvrir la porte d'ivoire qui conduit aux bocages élyséens.

Cette prière, où les élans d'un cœur fraternel s'alliaient aux vives images de l'éloquence classique de l'époque, frappe quelque temps André Chénier d'immobilité. Notre jeune poëte, ému aux larmes, allait céder à une première inspiration, mais la souveraine idée du moment le retint et ferma ses lèvres. Marie-Josephe serrait les mains de son frère, et ces deux grands poëtes, ainsi posés face à face et mêlant leurs haleines de feu, n'avaient d'autres témoins que les arbres et les étoiles, ces éternels confidents des lamentables secrets de l'humanité.

André fit un effort suprême et dit d'une voix sourde :

— Non, non, c'est impossible, mon frère... Mes pieds ont plus de racines sur ce sol que les arbres de cette forêt. Laisse-moi à mon destin.—Tu te révoltes contre la voix de ton sang, mon cher André! Veux-tu que je dise tout?

— Eh! mon Dieu, — dit André avec le ton de l'indifférence, — tu peux tout dire; l'arbre ne sera pas déraciné.

— André, ton nom a été prononcé dans de ténébreux conciliabules où s'agitent des hommes qui n'ont jamais pardonné. Tu es inscrit sur une liste fatale; on t'a promis à la justice du peuple. Ta tête ne t'appartient plus.

— Mon cher frère,—dit André avec un sourire plein de tristesse, — vraiment, tu parles de la vie et de la mort comme si nous étions dans les temps sereins où la mort et la vie ont quelque prix. Vivre et mourir sont aujourd'hui deux mots de valeur égale. Qui se soucie de vivre? Qui a peur de mourir? Personne; pas même les femmes. Si je pouvais consentir à quitter la France, ce ne serait donc point à cause de la terreur que m'inspire la mort. Ainsi tes lugubres révélations ne me touchent guère. Je partirais seulement pour donner une satisfaction à ton cœur fraternel, qui vient de me parler une langue si touchante mais, crois-le bien, mon excellent frère, je suis comme le soldat sur le champ de bataille: ainsi ne conseille pas à ton frère de déserter.

— Au moins, André, parle-moi avec franchise... C'est une femme qui te retient?

— Oui.

— Eh bien! partez ensemble et...

André arrêta son frère par un geste lent de la main, et enlaçant son bras au sien, il lui fit sa confidence, sans mettre un seul détail. Il ajouta en finissant :

— Mon cher Joseph, c'est avec une répugnance extrême que je viole un secrets dont la moitié appartient à une femme, mais tu m'as poussé à cette extrémité.

Les premières lueurs de l'aube couraient sur la cime des arbres, et ce joyeux réveil de la nature couvrit de tristesse le visage des deux frères. Malheureuses époques, où on peut regarder avec effroi le sourire d'une aurore de printemps! Marie-Joseph donna au ciel une aspiration pleine de mélancolie, et dit à son frère :

— Il faut nous séparer; je vais réfléchir sur ta position nouvelle, et je t'écrirai par un messager dont je te réponds. Sois prudent... tu me promets d'être prudent?

— Je te le jure devant les dernières étoiles de cette mémorable nuit.

Les deux frères se firent des adieux couverts de larmes, et se séparèrent dans le bois.

Marie-Joseph se dirigea, comme le marinier, sur la dernière étoile du couchant, pour retrouver les grands sentiers de chasse qui rayonnent de Ville-d'Avray, et son frère suivit les allées connues qui descendaient à sa petite maison. Roucher ne s'était pas aperçu de son absence; l'auteur du poëme *des Mois* menait un genre d'existence peu onéreux pour ses amis : il avait déjà oublié dans sa nouvelle retraite les orages et les luttes où le hasard l'avait entraîné malgré ses goûts.

Enfermé comme un anachorète, il lisait tous les soirs au lieu du bréviaire romain, le *Prœdium rusticum* du père Vannière, et comparait ce poëme aux Géorgiques, dans un long parallèle imité du père Rapin, ce savant anatomiste de l'antiquité. A neuf heures, il fermait Vannière et le manuscrit de son parallèle et s'endormait pour retrouver dans son rêve favori la ferme rustique, la volière, la basse-cour que le Virgile français avait si bien décrites, et que le graveur Lejay de la place Dauphine avait si bien reproduites sur acier. En ce moment la Montagne et la Gironde luttaient comme le Scamandre et Vulcain dans l'Iliade, et le poëte des *Mois* dormait en souriant.

VI.

CLAUDE MOURLEZ.

M. de Pressy se leva, s'assit devant un pupitre et écrivit le billet suivant :

« Monsieur le gouverneur,

» Vous avez insulté une femme qui est veuve et placée sous ma protection. Cette femme est noble, mais sa qualité n'ajoute rien de plus à l'offense. Sur ce point, 89 a raison.

» Votre réponse me dira l'heure et le lieu où nous nous rencontrerons. Je me réserve de vous prouver, sur le terrain, que je suis d'aussi bonne maison que vous.

» Mon témoin attendra vos instructions. »

M. de Pressy plia le billet, le scella d'un sceau de fantaisie, et dit en riant à Valentin :

— Eh bien! mon vieux soldat de Pondichéry, nous allons faire ensemble une petite campagne...

— Vous sortez de l'hôtel — s'écria Valentin avec un étonnement effrayé.

— Il le faut bien, Valentin... j'ai un devoir à remplir... Mais j'espère rentrer tout de suite... à moins que... Vous demanderez le nom du gouverneur de la province à l'hôtel de Grave, et vous l'écrirez sur cette adresse... Vous irez ensuite remettre mon billet à son valet de chambre, et vous attendrez.

— Je ne sais qu'obéir à monsieur le comte, — dit Valentin d'un air consterné.

— Voilà tout ce que je vous demande aujourd'hui, Valentin.

— Monsieur le comte sera satisfait.

— Et, quoi qu'il arrive, Valentin, vous serez satisfait de moi.

Le vieux serviteur prit le billet, s'habilla convenablement, mais avec la simplicité de l'époque, et sortit pour exécuter en aveugle les ordres de son maître.

M. de Pressy, resté seul, ouvrit un petit reliquaire de famille et en retira un portrait au pastel, qu'il regarda tendrement. C'était le portrait d'une jeune femme en costume de bergère idéale et d'une beauté plus idéale encore que sa toilette; elle souriait comme le soleil levant, et montrait entre les deux arcs déliés de ses lèvres de corail un double rang de perles d'une finesse exquise. Le peintre, usant des privilèges de son époque et des fantaisies de toilette permises aux bergères de cour, avait prodigué les éblouissantes nudités de l'ivoire de ce pastel, où l'étoffe ne jouait qu'un rôle accessoire et réservé.

Une très-vive émotion agita le noble et toujours calme visage de M. de Pressy : mais comme tous les hommes qui n'ont que des larmes intérieures et ne trahissent jamais une secrète peine, même dans l'isolement, il reprit tout de suite sa sérénité habituelle, plaça le portrait dans son reliquaire et descendit aux appartements du côté du jardin.

Là, il détacha une épée de la panoplie héréditaire; il en essaya la garde, en examina la pointe et la remit au fourreau; puis il remua quelques livres entassés sur un guéridon, par *l'Almanach des Muses* de 1788, s'assit et lut quelques idylles en attendant le retour de Valentin.

Au coup de marteau extérieur qu'il entendit, M. de Pressy ferma le recueil de poésies fugitives, et fit l'office de son portier, absent pour cause de révolution. Le gentilhomme souriait toujours lorsqu'il se voyait contraint à ouvrir lui-même sa porte à son unique serviteur.

Valentin portait sur son visage bouleversé les traces

d'un échec ou d'un affront. L'entretien s'engagea dans le vestibule.

— Très-bien! Valentin, dit le comte; malgré ton pied boiteux et tes soixante ans passés, tu es de la bonne race des hommes de la guerre de Sept Ans... Voyons, quelle réponse m'apportez-vous?

— Ah! monsieur le comte... si vous ne m'aidez pas un peu je ne pourrais jamais vous raconter tout cela...

— Racontez-moi la chose comme elle s'est passée... il me semble que c'est fort simple.

— Pas si simple... tenez, je ne sais pas où prendre les premiers mots... monsieur le comte, faites-moi la grâce de m'aider.

— As-tu vu le gouverneur?

— Non, monsieur le comte.

— Comment!... et mon billet?

— Il me l'a fait rendre en quatre morceaux, par son secrétaire, avec cette réponse : On envoie les conspirateurs à la Force, et les fous à Charenton.

— Que signifie cette réponse, Valentin?

— Monsieur le comte doit mieux le savoir que moi, puisqu'il connaît le billet qu'il a écrit.

— Et qu'avez-vous répondu à cette insolence, vous, Valentin?

— Rien, monsieur le comte.

— Soyons juste!... il n'y avait rien à répondre... Vous savez le nom de ce gouverneur, maintenant, Valentin?

— Oui...

— Il se nomme?

— Il se nomme... Claude Mouriez.

— Voilà certes un nom qui n'a pas un parfum de gentilhomme!

— Et que dirait M. le comte, s'il voyait le personnage!

— Vous l'avez donc vu?

— Certainement... je l'ai vu quand le secrétaire a ouvert la porte pour me rendre les quatre morceaux de votre billet.

— A-t-il l'air comme il faut?

— Il a l'air comme il ne faut pas. C'est un homme de cinq pieds huit pouces, avec des cheveux crépus, sans poudre, et taillés court; une figure de mascaron de fontaine, des yeux de tison, des traits anguleux, un nez en bec de vautour, un teint passé au tropique; si l'enfer a des déserteurs, je sais bien d'où sort cet homme là. Je ne suis pas étonné que madame la comtesse ait disparu, comme un ange qu'elle est, quand ce cyclope est entré à l'hôtel de Grave...

— Ne parlons plus de cet homme, interrompit M. de Pressy; j'ai eu le tort un instant de vouloir l'honorer par un duel avec moi...

— Oh! monsieur le comte!

— N'en parlons plus, Valentin; mais occupons-nous de la belle comtesse : il faut savoir où elle est à tout prix. J'avais brisé tous les liens qui m'attachaient à la cour, aux femmes, au monde; mais, tout en persistant dans mes premières résolutions, l'honneur me fait un devoir de protéger la comtesse, dans un moment où sa beauté est en péril.

— Monsieur le comte, ce que vous me dites là me réjouit le cœur. — Écoutez, Valentin : j'ai reconnu en vous une grande finesse, voilée de bonhomie; c'est la meilleure de toutes les finesses, parce qu'on ne s'en méfie pas. Il a existé un homme doué d'une sagacité merveilleuse, et qui a inventé deux volumes de tours ingénieux pour tromper les maris, les pères, les tuteurs. Le monde, qui est toujours dupe des apparences, a surnommé cet inventeur le *Bonhomme*, parce qu'il s'était composé une figure niaise. Je vous compare donc au poëte Lafontaine.

Valentin s'inclina en rougissant de modestie.

— Vous voyez que je vous connais, Valentin, poursuivit M. de Pressy; ainsi, je vous donnerai ce qui manquait à votre illustre modèle, je vous donnerai tout l'argent que vous voudrez, et vous consacrerez six heures par jour à la recherche de la belle comtesse. Elle n'a pas quitté Versailles, j'en suis certain... Ne faites pas un mouvement d'incrédulité; je vous affirme qu'elle est à Versailles; j'ai reconnu hier son écriture dans une lettre... elle est à Versailles. Vous la trouverez, Valentin; vous êtes assez bonhomme pour cela.

— Monsieur le comte peut croire que je ferai tous mes efforts pour répondre à la bonne opinion qu'il a de moi.

— Et vous commencerez aujourd'hui, Valentin et à ce moment... Voilà ma bourse, et quand il le faudra, ne ménagez pas l'or, vous en aurez toujours... Allez! Valentin.

Le vieux serviteur sortit. M. de Pressy s'enferma dans sa bibliothèque, où il écrivit un commentaire sur le *baiser* de Dorat, qui commence ainsi :

    Thaïs dormait, tous les oiseaux.
    Immobiles dans le feuillage,
    Interrompant leur doux ramage,
    Semblaient respecter son repos.

Ce qui suit est trop délicat pour être cité, à notre époque morale de 1849.

VII.

A LA RECHERCHE D'UNE FEMME.

Valentin marcha, la tête basse, jusqu'aux grandes écuries de Versailles, et tournant le dos à la grille du château abandonné, il regarda tristement à sa droite et à sa gauche la ville qui étendait ses deux ailes jusqu'à des horizons assez éloignés.

Ce monologue mental se déroulait dans le cerveau du vieux marin.

— Monsieur le comte, mon maître, se disait-il, mérite d'être servi avec zèle et dévouement; c'est incontestable pour moi : mais il y a des bornes à tout, même à la vertu d'un fidèle. J'ai devant moi, non pas une ville, j'ai deux villes, avec des rues qui s'alignent à l'infini et des hôtels dont le moindre a plus de fenêtres que l'année n'a de jours, et il faut que je trouve une femme dans ce monde qu'on appelle Versailles! C'est absolument comme si on me chargeait de chercher l'aiguille que Mme Dubarry laissa tomber dans la pièce d'eau des Cent-Suisses; et encore si j'avais le choix, je préférerais l'aiguille.

M. le comte veut m'encourager avec la flatterie; il me compare au bonhomme M. de Lafontaine, qui a inventé deux volumes de pièces à loups pour chasser aux femmes; je voudrais bien le voir à ma place, ce M. de Lafontaine, s'il lui fallait trouver une comtesse en ce temps de république où il n'y en a plus.

Le vieux marin avait passé les années de sa jeunesse dans le fracas des tempêtes maritimes et des agitations de la guerre; il avait eu des vaisseaux éventrés sous lui, et ses oreilles de fer avaient résisté aux explosions de l'artillerie sur les flots des deux Indes; il était, en outre, muni de ce superbe dédain dont l'homme de mer accable toutes les choses de la terre; aussi fut-il à peine ému du tumulte qui agitait en ce moment la ville de Versailles.

Des troupes d'hommes et de femmes couraient sur les places et dans les larges rues en chantant les airs patriotiques; les députations inondaient les rues de la Paroisse et de la Pompe, et se dirigeait sur l'Hôtel-de-Ville, où Claude Mouriez, envoyé ordinairement pour comprimer une émeute, devait les recevoir. Ce fracas public, si formidable aux oreilles des paisibles citadins, effleurait à peine l'épiderme du vieux matelot, comme une brise soufflant des Açores; c'était pour lui une équipée d'écoliers en vacances; il ne daignait pas même lui donner un regard soutenu.

Le monologue mental qu'il avait commencé devant la grille du château continuait toujours, et toutes les clameurs grêles de la foule ne pouvaient l'interrompre. Il me semble, se disait-il, que les scènes bruyantes de la rue devraient attirer beaucoup de monde aux fenêtres, et il n'y a presque point de curieux. Il est vrai que si Mme la comtesse s'est réfugiée dans quelque maison de la ville, elle n'aura pas choisi ces quartiers trop fréquentés. Ce n'est donc pas ici que je puis découvrir son visage à une fenêtre, si la curiosité venait à lui conseiller une petite imprudence de femme ennuyée et recluse. Il faut chercher ailleurs.

Valentin donna un dernier regard de mépris tranquille aux bruyantes manifestations de la foule, et il entra dans ces longues avenues plantées d'arbres, qui sont les grands chemins de Paris. Là se recueillent, sous d'épais ombrages, beaucoup de maisons isolées que le fracas de la ville n'inquiète pas, et qui, dans ces heures de trouble, semblaient des asiles et des refuges ouverts, aux persécutés ou aux indifférents. Ces maisons étaient habitées ainsi qu'il était aisé de s'en apercvoir, mais elles ne montraient pas leurs locataires sur les façades de l'avenue, et à coup sûr, le bruit des émeutes et des députations, s'il eût grondé de ce côté, n'aurait fait ouvrir aucune fenêtre ni paraître aucun visage sur toute la ligne de ces tombeaux de vivants.

Le découragement saisit le vieux serviteur; cette fois, il abandonna le monologue mental, et ne craignant pas d'être entendu, il parlait tout haut, comme font les vieillards causeurs lorsque les interlocuteurs manquent.

— Je me suis chargé, disait-il, d'une commission impossible. Ce bon M. de Pressy ne doute de rien; il croit que nous sommes encore en 1788, lorsque les belles dames faisaient de la tapisserie sous les maronniers des avenues de Viroflay et de Sèvres. Hélas! tous ces oiseaux du paradis ont pris leur vol! il ne reste que les maronniers.

À mesure que Valentin marchait, il découvrait, à chaque pas, de nouveaux refuges, de nouveaux asiles, de nouveaux tombeaux; toujours le silence, l'immobilité, la mort, où, pour mieux dire, la vie dissimulée par la peur ou se voilant aux regards ennemis.

— Au fond, M. de Pressy est juste, dit-il; je le ramènerai à une meilleure réflexion, et sans lui donner des nouvelles du dehors, je lui prouverai que je ne suis pas M. de Lafontaine, et qu'il m'est impossible de trouver la perle qu'il a perdue dans le détroit de Magellan.

Il s'arrêta, médita quelques instants, et ajouta : Cependant, il est bien honteux, lorsqu'on est marin, adroit, pourvu d'or et roturier, de faire l'aveu de son impuissance à un jeune gentilhomme, qui trouve, lui, que tout est aisé. C'est humiliant, pour un vétéran du Thiers... Essayons de découvrir... oui, essayons; c'est bientôt dit : un vertige m'obscurcit les yeux, en y songeant!

Marcher au hasard, c'est la seule détermination qu'un homme puisse prendre en pareil cas. Lorsqu'on se trouve en présence d'une impossibilité matérielle et physique, le hasard est le seul conducteur intelligent qui reste, le seul fil du labyrinthe universel.

Au coin de l'avenue dite de *Fleurus*, on voyait alors une de ces maisons calmes et recueillies, défendue contre la malignité du passant par une grille de fer. Deux petits enfants jouaient sur la pelouse intérieure, et trois femmes assises sur des bancs de gazon les regardaient en tricotant des bas de laine.

Debout sur la chaussée, devant la grille, une contrefaçon de Savoyard chantait en s'accompagnant de la vielle, et sa voix fausse ou le choix de sa chanson expliquait très-bien la désertion qui se faisait autour de lui dans la ville de Louis XIV. Valentin, ne demandant au hasard qu'un prétexte pour s'arrêter, se posa en auditeur unique devant le troubadour, et lança quelques regards furtifs sur les tricoteuses du jardin.

Le Savoyard chantait des couplets nouveaux, au *Moniteur*, sur l'air innocent de maître Adam, *Aussitôt que la lumière*. Cet air plaisait beaucoup à Valentin, et à cause de l'air, il amnistiait les paroles dont voici le premier couplet :

> Fiers enfants de l'Italie
> Qu'un prêtre tient dans ses mains,
> L'ombre de Brutus vous crie
> De redevenir Romains.
> Allez, arrachant l'étole
> De votre sacré tyran,
> Rebâtir le Capitole
> Des débris du Vatican.

Après le chant, le Savoyard tira de sa poche une sébille de bois, et la tendit aux trois femmes, à travers les barreaux de la grille. Trois têtes s'agitèrent en signe de refus, et le chanteur en se retournant, ne trouva qu'un seul *dilettante* dans son auditoire, et lui demanda le prix de sa place aux premières loges. Valentin, un peu déconcerté par cette requête inattendue, plongea sa main dans la vaste poche de sa culotte de velours, et n'y trouvant que la bourse de son maître, il l'ouvrit, chercha une pièce de monnaie de billon, ou de douze sols, et ne vit que des louis. Le vieux marin ne voulut pas frustrer le chanteur dans son attente joyeuse, et n'ayant que le choix de donner une pièce d'or, ou un refus insultant, il donna le louis.

Le Savoyard, radieux de joie, crut devoir récompenser cette largesse, en exécutant une danse de son pays qui n'était pas dans le programme; mais Valentin n'attendit pas la fin du spectacle, et continua sa marche vagabonde, à travers les avenues solitaires qui conduisent aux quartiers du nord de Versailles.

Tout à coup il s'arrêta brusquement, comme si l'idée qui venait de le saisir l'avait foudroyé; son pied frappa la terre, et sa main son front; ses yeux lancèrent des éclairs.

Il tourna la tête, et plongea ses regards dans toutes les directions, pour découvrir le chanteur, et bientôt il l'aperçut agitant sa vielle devant un autre jardin habité.

Valentin n'eut pas de peine à le rejoindre, car celui-ci, voyant venir son généreux auditeur, fit la moitié du chemin en exécutant un pas nouveau, qu'aucun ballet de Versailles n'avait vu danser.

— J'ai besoin de toi, mon ami — lui dit Valentin, en le conduisant à l'écart — il faut que tu me rendes un service, et je le reconnaîtrai généreusement.

— Parlez, mon bourgeois, je me mettrai au feu pour vous, répondit le virtuose ambulant.

— Sais-tu par cœur beaucoup de chansons?

— Mais je n'en sais pas mal, mon bourgeois, je suis parisien, faubourg Saint-Jacques, n° 32. Je sais : *Fiers enfants de l'Italie. Quand mon bien-aimé reviendra. Nous n'irons plus au bois. Amaryllis, vous êtes blanche et blonde.* Je sais encore la marche des *Gardes-Françaises*, mais c'est défendu par le gouvernement. Si vous voulez, je vous la chanterai chez vous.

Le troubadour prit une pose fière, comme un artiste qui a trouvé enfin un connaisseur dans une carrière abreuvée de dégoûts.

— Voilà tout ce que tu sais, mon ami?... voyons, cherchez mieux dans tes souvenirs.

— Mon bourgeois, je vais d'abord vous amuser avec celle-là, et puis, j'en trouverai peut-être encore bien quelques-unes. Je vais vous chanter : *Amaryllis, Amaryllis... vous êtes...*

Valentin fit un geste brusque qui arrêta la romance d'Amaryllis au premier vers.

— Tais-toi donc, mon ami; ce ne sont pas ces chants-là que je te demande...

— Voulez-vous : *Te bien aimer, ô ma chère Zélie?*

— Non... Connais-tu?... c'est que je l'ai oublié, moi aussi, celle-là!... attends... je vais te chevrotter l'air...

— J'y suis! j'y suis! mon bourgeois...

    Quand on sait aimer et plaire,
    A-t-on besoin d'autre bien?

— Tout juste, mon ami! — s'écria Valentin au comble de la joie — c'est bien celle-là! et tu la sais toute?

— Oui, mon bourgeois... mais un instant... je crois que le gouvernement l'a défendue aussi...

— Allons donc! c'est une chanson de bergère...

— J'irai vous la chanter chez vous.

— Non pas... tu la chanteras en public, et je te donnerai une pièce de vingt-quatre sols toutes les fois que tu la chanteras.

— Ah ! mon bourgeois ! vous aimez donc bien cette chanson !... Malheureusement je crois qu'elle est contre la République...

— Tu ne sais ce que tu dis, et...

— Attendez, mon bourgeois, examinons-la.

> Rends moi ton cœur, ma bergère
> Collin ta rendu le sien :
> Mon Chalumeau, ma houlette,
> Soyez mes seules grandeurs,
> Ma parure et ma Colette,
> Mes trésors sont ses faveurs.

— C'est bien cela ! dit Valentin ; où diable vois-tu là dedans une attaque contre la République ? C'est une chanson contre la monarchie, puisque le berger dit que, ce monde, le seules grandeurs sont une houlette et un chalumeau ; une vraie chanson républicaine !

— Il a raison, le bourgeois ! c'est vrai... Allons ! je vais vous en donner pour votre argent, et...

— Pas si vite, mon ami !... Je me soucie peu de la chanson, moi... c'est une autre personne qui s'en soucie et qui l'aime par-dessus tout, et qui n'aimait autrefois que cette chanson ; il y a bien longtemps que personne ne l'a chantée à ses oreilles... Tu va lui donner un bonheur...

— Oh ! je la lui chanterai mille fois, — interrompit l'artiste ambulant. Conduisez-moi sous ses fenêtres...

— Ah ! voilà le difficile, mon ami.

— Je comprends ! je comprends ! mon bourgeois. C'est une personne... qui s'est cachée... comme tant d'autres... et que...

— Tu as compris, c'est bien...

— Ce n'est pas pour lui faire du mal, au moins ; c'est qu'alors vous pourriez garder vos pièces de vingt-quatre sols, et je vous montrerais les talons.

— Tu es un brave garçon, mon ami... sois bien tranquille. Comment veux-tu qu'un vieux marin comme moi songe à faire du mal à qui que ce soit au monde ?

— Alors, mettons que je n'ai rien dit, mon vétéran. Conduisez-moi, et vous me paierez ma journée un petit écu ; ça ne vaut pas davantage.

— Non, le prix est convenu, je n'en rabattrai rien ; c'est un louis par vingt chanson : ne marchandons plus. Si je fais ta fortune, tant pis pour toi ! il fallait marchander avant. Un homme n'a que sa parole.

— Eh bien ! — dit le chanteur en riant aux éclats, — puisque que vous avez de l'argent à jeter par la fenêtre, autant vaut-il que ce soit moi qui le ramasse. Partons !...

— Tu dis : partons ; et où vas-tu, mon ami ?

— Je n'en sais rien.

— Ni moi non plus... c'est-à-dire, je ne sais pas précisément où nous devons commencer notre promenade. Tu connais mieux ces localités que moi, à cause de ton métier. Ainsi tu vas exploiter toutes les maisonnettes isolées, comme celles où tu chantais tout à l'heure ; moi je te suivrai à quelques pas.

— Je comprends mieux maintenant, mon vétéran... Nous allons commencer par l'avenue de la Liberté.

— Je ne connais pas les noms nouveaux.

— C'est égal, je les connais pour vous... Ah ! ça, mais dites-moi, mon vétéran, ce sera un peu bête de chanter toujours la même chanson...

— Eh ! que t'importe, s'il ne passe personne !

— Oui, c'est vrai.

— Seulement, tu commenceras toujours par une autre chanson.

— Bon ! je finirai par : *Quand on sait aimer et plaire*, et je commencerai par : *Fiers enfants de l'Italie...*

— Non, mille fois non, enragé Savoyard de Paris ! garde-toi bien de parler de *ces fiers enfants-là...*

— je chanterai *Amaryllis*.

— Chante tout ce que tu voudras, mais jamais les *Fiers enfants de l'Italie*.

— Elle est belle pourtant celle-là !

— Je ne conteste pas sa beauté ; mais il faut la supprimer dans nos promenades.

— Comme vous voudrez, mon vétéran.

— Maintenant, ne nous parlons plus ; marche à dix pas devant moi et commence devant la première grille que tu rencontreras.

Le début de cette expérience ne fut pas heureux. On épuisa toutes les maisons de l'avenue de la Liberté. Pas une fenêtre ne s'ouvrit. Quelques aboiements répondirent seuls, çà et là, aux chansons du virtuose ; un jardinier passa, le rateau sur l'épaule, derrière la grille d'un jardin, et composa tout le public d'une vingtaine d'exécutions.

Au dernier arbre, Valentin et le virtuose se rejoignirent, et celui-ci fit avec timidité cette proposition :

— Voulez-vous entamer *l'avenue de la Constituante* ?

— Entamons l'avenue de la Constituante, répondit Valentin.

Cette nouvelle série n'amena aucun résultat, mais elle donna quelques émotions qui permirent d'espérer. Le chant fit ouvrir deux persiennes et paraître deux têtes de femmes sexagénaires. Arrivé à l'extrémité dit à l'artiste nomade :

— Maintenant, je commence à croire au succès.

— Si nous réussissons toujours comme cela — dit en souriant le virtuose — vous y perdrez votre bourse, et vous n'y gagnerez rien. Vous cherchez une jeune et jolie femme, c'est sûr, et ce n'est pas pour votre compte, mon vétéran...

— Tu n'es pas sorcier, mon ami ; je cherche une femme superbe...

— Que son mari a perdu?

— C'est elle qui a perdu son mari.

— Je ne comprends pas, mon vétéran.

— C'est une veuve. — Ah! je comprends.

Mais toi qui connais tous les quartiers de la ville, et qui chantes sous tous les balcons, as-tu jamais remarqué la fenêtre de l'hôtel de Grave, rue du Réservoir?...

— C'est celle-là! — interrompit vivement le chanteur public, — je la connais! elle avait des fleurs à son balcon!... Oui, une femme magnifique, et qui me jetait des pièces de douze sols dans une feuille de papier; mais elle a quitté cet hôtel depuis deux ou trois mois... l'hôtel est fermé. Il n'y a plus de fleurs. Je l'ai rencontrée, il y a huit jours, déguisée en bourgeoisie, dans l'avenue de Satory; elle doit demeurer maintenant de ce côté de la ville. Oh! nous la trouverons, mon vétéran, nous la trouverons!

— Eh bien! puisque tu la connais, je te laisse continuer tout seul l'expérience. Ma présence devient inutile, et pourrait devenir suspecte ou dangereuse... Prends ces deux louis encore comme à-compte, et quand tu auras réussi, je te donnerai tout ce que tu me demanderas. A dater de ce jour, un rendez-vous, entre toi et moi, est fixé, tous les matins, à neuf heures, devant la grande grille du château.

— C'est convenu, mon vétéran.

Valentin courut tout joyeux donner un bon espoir à M. de Pressy, mais il ne voulut entrer dans aucun détail sur son expédition.

VIII.

LE PORTRAIT.

Cette histoire est assez avancée pour donner déjà au lecteur une idée de son genre exceptionnel, imposé par les fatalités de l'époque. La vie de tous ces personnages historiques ne peut ressembler à aucune autre existence d'une autre histoire. Soit caprice, soit terreur soit prudence, chacun se voile et se mure pour ne rien laisser éclater au dehors; les nobles instincts et les passions sauvages vont se heurter dans l'ombre ; ce sera comme l'histoire souterraine de ce moment formidable où le fracas extérieur absorbait toutes les attentions, et ne permettait à aucun regard d'explorer tout ce qu'on dérobait au grand jour.

— Ecoutez-moi bien, Valentin, — disait M. de Pressy en s'enveloppant d'une vaste houpelande dans un salon du rez-de-chaussée, — écoutez-moi bien; vous m'arrachez à mes habitudes, vous me faite franchir le seuil de ma maison ; c'est très grave ! Puis-je me fier à votre rapport ?

— Je vous jure, monsieur le comte, que mon rapport mérite toute votre confiance. Vous pouvez me suivre les yeux fermés. Le chanteur savoyard Vincent a cherché six jours la maison de madame la comtesse ; enfin, avec la chanson, il l'a découverte, *avenus du Thiers*, n° 19. Mon stratagème a réussi. Ce matin, d'après votre ordre, j'ai loué dans la même avenue la maison n° 18, séparée de l'autre par une allée d'ormeaux et un jardin. J'en ai congédié le portier en lui donnant une gratification. Enfin, ce qui vaut mieux que tout, je me suis glissé d'arbre en arbre jusqu'au petit mur du jardin du n° 19, et j'ai vu, et j'ai parfaitement reconnu madame la comtesse, qui ouvrait avec précaution une persienne pour regarder dans la campagne. Monsieur le comte peut-il désirer de meilleurs renseignements?

— Valentin, je veux, avant de sortir de ma maison, être bien sûr de mon fait... montez à mon cabinet de toilette, et apportez-moi la cassette que j'ai ouverte l'autre jour devant vous.

— Oui, monsieur le comte.

Valentin exécuta la commission, et descendit le reliquaire demandé.

Le comte en retira le portrait, et le montrant à Valentin à la clarté d'une gerbe de bougies, il lui dit : Connaissez-vous cette femme?

— Du premier coup d'œil, monsieur le comte, c'est ressemblant comme deux fleurs de lis. C'est madame la comtesse.

— Valentin, crois-tu que ce portrait soit bien celui de la femme que tu as vue ce matin?

— Si je le crois! il n'y a pas au monde deux visages comme celui-là... seulement, monsieur le comte, le costume de ce portrait n'est pas celui de Mme la comtesse, et...

— Cela suffit, Valentin, ouvrez la porte et précédez-moi.

Le comte se coiffa d'un feutre de chasse, mit le portrait sous son bras et traversa le vestibule. Valentin ouvrit la porte et poussa au même instant un cri de surprise : un homme franchit le seuil et entra. C'était André Chénier.

— Vous allez sortir? demanda-t-il en faisant un pas en arrière.

— Sortir! — dit le comte du ton le plus naturel — je me promenais dans mon vestibule, en attendant les visiteurs. Nous avons entendu un bruit de pas dans cette rue déserte, et Valentin a deviné que c'était vous.

— Ne recevez-vous pas tous les jeudis? demanda Chénier.

— Voilà justement pourquoi nous vous avons deviné — dit le comte en riant — mais, comme c'est aujourd'hui un de mes jeudis, je reçois dans le salon jaune. Entrez, entrez, mon cher poëte... Valentin, avancez un fauteuil à M. Chénier, et allez ensuite soigner vos affaires...... Eh bien! Chénier, je ne vous dirai pas : Qu'y a-t-il de nouveau? je ne me sers plus de cette formule, mais je vous demanderai : Qu'y a-t-il de vieux? Vous savez que nous sommes toujours en 1788.

— Je ne sais rien, mon cher comte; je vis comme vous dans la solitude, ainsi, n'ayez aucune crainte, je ne puis rien vous apprendre... Mais vous pouvez m'apprendre quelque chose, vous.

— Moi!... ah! voyons, cher poëte... ne me demandez pas de vous enseigner l'art des vers.

— Vous avez un secret de ma vie, mon cher de Pressy...

— Comme vous dites cela sérieusement!... Parlons un peu de ce secret...

— Depuis notre dernière entrevue, j'ai bien réfléchi, et je suis certain que vous connaissez la femme qui a écrit la lettre dont je vous ai montré deux lignes.

— Et comment avez-vous supposé cela? dit le comte en souriant.

— Votre émotion vous a trahi jeudi dernier... elle vous trahit encore, en ce moment, malgré toutes les grâces aristocratiques de votre figure... vous la connaissez.

Le comte renversa négligemment sa tête sur le dossier de son fauteuil, croisa les jambes, et caressant de la main droite son menton :

— Vous êtes toujours poète, dit-il ; votre imagination vous abuse. Je ne suis jamais ému... Connaissez-vous la devise de la famille de Pressy ?

— Non — dit Chénier d'une voix sombre.

— Eh bien ! — poursuivit le comte en ôtant de son doigt sa bague chevalière — cher poëte, regardez mes armes, et lisez ma devise : le latin n'en est pas bon, peut-être, mais on le comprend mieux.

André prit la bague comme par complaisance, l'examina négligemment, et la rendit de l'air d'un homme qui demanda une explication.

— Mon cher poëte, vous n'êtes pas fort en blason, cela se voit... *Je porte d'azur, à la badelaire d'or, en pal avec cette devise : Ad omnia paratus,* « prêt à tout. » Il me suffit de jeter un coup d'œil sur ma bague pour supprimer en moi toute émotion, si elle osait poindre sur mon épiderme. Ma devise est le cri de ma famille ; c'est la voix de mes aïeux. J'écoute, et j'obéis.

Chénier prit une pose simple et imposante ; son œil, d'un vert orageux, lança des flammes ; son large front se plissa comme celui d'un vieillard, et il dit :

— Comte de Pressy, regardez donc la devise de vos aïeux... Cette femme que vous ne connaissez pas est en péril de mort !

Le comte bondit et se leva involontairement, et laissa tomber sur le parquet le portrait qu'il tenait encore caché sous son bras gauche. Chénier se baissa vivement et s'écria : C'est elle ! c'est elle !

M. de Pressy s'excita énergiquement au calme, et dit en ramassant le portrait :

— Eh bien ! s'il y a une femme en péril de mort, votre devoir est de la secourir. Alors, que faites-vous ici, M. Chénier ?

— Vous allez le savoir, M. de Pressy, — dit le poëte, en proie à la plus vive agitation ; — c'est ici, chez vous, que je dois trouver les renseignements nécessaires, et j'y suis venu pour cela... Voici le billet que j'ai reçu... toujours sans signature, toujours sans adresse... Ecoutez, comte de Pressy... « Ces lignes sont les dernières que vous recevrez de moi... J'avais choisi un lieu de refuge où je veillais sur vous ; mon asile est connu, on m'a trahie. Ce matin, un homme s'est glissé mystérieusement, en se voilant avec les arbres, jusqu'au mur de mon jardin. Hier, j'ai commis l'imprudence de me montrer à ma fenêtre, du côté de la chaussée publique. Il y avait là un espion de mes ennemis, un émissaire déguisé en chanteur ambulant, et qui n'a pu dissimuler sa joie, quand il m'a reconnue. Je ne vous donne pas d'autres détails. Ce billet est la dernière preuve du vif intérêt que je porte à votre personne. La nuit prochaine, je m'attends à tout ; heureusement, à l'époque où nous vivons, les femmes aussi savent mourir. »

— Eh bien! mon cher André, — dit le comte avec un léger sourire, — je suis beaucoup plus rassuré maintenant, après ce billet.

— Comment ! ce billet vous rassure, mon cher comte, sur le sort d'une femme qui vous intéresse ?

— Oui.

— Et croyez-vous que votre *oui*, tranquillement prononcé, me rassure, moi ? Et vous n'ajoutez aucune explication à ce monosyllabe désolant !

— Mais, mon cher poëte, je vous trouve vraiment singulier. Est-ce que vous me donnez quelque explication, vous ? Parlez-moi avec franchise, et je vous répondrai en gentilhomme.

— Je n'ai malheureusement rien à vous dire, mon cher comte ; c'est vous seul qui savez tout.

— Comment connaissez-vous cette femme ?

— Je ne la connais pas.

— Vous ne connaissez pas, mon cher André, une femme qui vous écrit des in-folios ?

— Non, je vous le jure sur les cendres de ma mère !

— Ah !... vous n'avez donc jamais parlé à cette femme ?

— Jamais.

— Mais vous l'avez vue, puisque vous avez reconnu son portrait ?

— Je l'ai vue deux fois, mais de loin, de très-loin.

— Oui, Chénier je comprends que vous êtes sincère. Eh bien ! je veux vous assurer complètement ; cette femme s'est alarmée mal à propos ; je vous jure qu'elle ne court aucun danger.

— Et comment le savez-vous, comte de Pressy ?

— Je vais vous donner la preuve ; attendez un instant.

Le comte sonna, et deux minutes après, la porte du salon s'ouvrit, et Valentin entra.

— Valentin, dit le comte, vous allez écouter la lecture d'un billet écrit par une femme et vous donnerez ensuite à M. Chénier les explications qu'il vous demandera. Je ne me mêle pas de votre entretien.

Le comte s'accouda sur le marbre de la cheminée et regarda le miroir.

La lecture du billet ayant été faite à Valentin, celui-ci résuma ses explications en ces termes :

— La personne qui a écrit ce billet ne court aucun risque, je vous l'affirme sur mon bonheur de vieux marin. Elle peut dormir tranquille cette nuit, malgré les deux espions qu'elle a vus, et qui ne sont pas dangereux.

— Vous le voyez, cher poëte, dit le comte, à coup sûr Valentin n'était pas préparé à cet interrogatoire...

— En vérité, interrompit Chénier, tout cela est bien étonnant, tout cela me confond !... Je vois, en effet, à votre calme réel que le péril n'existe pas...

— Mais il existerait, — dit le comte d'un air mystérieux, — si vous prolongiez plus longtemps chez moi cet entretien.

— Alors, c'est un congé que vous me donnez, M. le comte.

— Un congé amical, entendons-nous bien...

— Oui, mais c'est toujours un congé... Monsieur de Pressy, je sais maintenant de quelle manière vous accueillez vos amis les jours de réception.

— Cher poëte, vous allez vous mettre en délicatesse avec moi? Comment diable prenez-vous les choses? Ne faut-il pas nous faire des concessions mutuelles dans les temps où nous sommes? Voyons, soyez raisonnable. Pouvons-nous disposer de notre volonté, de notre franchise, de notre politesse même? Tout est bouleversé. Nous ne sommes les maîtres ni de nos vertus, ni de nos vices. Il y a quelque chose dans l'air de dominateur qui nous change en automates et contrarie tous nos mouvements naturels. Vous voyez, André, que je sais parler raison quand il le faut.

Le comte avait mis dans son organe une douceur exquise, et dans son regard une affection touchante. Chénier se leva, tendit la main au comte et lui dit :

— J'ai fait mon devoir. Si quelque malheur arrive, ma conscience ne me reprochera rien.

— A bientôt! mon cher André — dit le comte en serrant la main offerte — maintenant, je reçois tous les jours, et dans tous mes salons... Valentin, éclairez M. Chénier dans le vestibule, et fermez la porte de l'hôtel avec le plus grand soin. Vous êtes étourdi quelquefois. Le courage n'interdit pas les précautions.

André sortit, et la porte se referma sur lui ; mais les dernières paroles adressées à Valentin par le comte étaient maladroites, à force d'exagérer l'adresse : il était évident que le comte s'apprêtait à sortir. D'ailleurs, même en entrant à l'hôtel, André avait remarqué dans l'étrange toilette du comte, et dans son embarras, des projets évidents d'équipée nocturne. L'occasion était trop favorable pour la laisser échapper.

Une nuit sombre couvrait la rue; les réverbères, créés par Louis XVI en 1786, ainsi que l'atteste leur médaille, ne versaient, qu'à de très-longs intervalles, une clarté plus sombre encore que la nuit. André se posa au coin d'une ruelle, à peu de distance de l'hôtel Pressy, et attendit ce qui devait arriver infailliblement.

Un quart d'heure après, M. de Pressy, précédé de Valentin, sortit et remonta la rue. André cotoya la ligne des maisons sur la pointe des pieds, et suivit de loin ces deux hommes qui, pour lui, peuplaient son univers en ce moment.

Il marchait ainsi sur leurs traces, les yeux fixés sur leurs silhouettes noires, retenant sa respiration et cherchant du pied les herbes dans les rues solitaires où personne ne passait plus. Il les suivit jusqu'à l'avenue qui conduisait justement à sa maison, il les vit s'arrêter devant une grille, ouvrir une porte et entrer dans un petit jardin.

Un horrible désespoir s'empara du jeune poëte. Le mystère était éclairci. Le comte allait à un rendez-vous et il n'y avait aucun doute à élever sur la femme qui habitait cette maison isolée : M. de Pressy était son amant !

Une si noble femme, un si noble cœur, soudainement dégradés dans une intrigue vulgaire, avec un domestique pour témoin ! Cette pensée brisa le front du poëte.

— Je passerai toute la nuit devant cette maison, dit-il, et demain la clarté du jour m'inspirera quelque salutaire résolution !

Ses pieds faiblirent; il s'assit sur un de ces tertres de gazon qui bordent les grandes routes, comme un pauvre voyageur fatigué.

IX.

UN AVEU INATTENDU.

Rien n'est intolérable comme les douleurs non classées, celles qui n'ont pas de nom dans le vocabulaire de l'humanité souffrante. La jalousie n'est qu'une peine vulgaire, fille de l'amour-propre ; maintenue à un certain degré, commune à presque toutes les organisations, elle doit même avoir une espèce de charme irritant, puisque tant d'êtres passent leur vie à être jaloux, et se portent fort bien ; mais quand ce démon bourgeois des tracasseries intimes se change en vautour de Prométhée, et qu'au lieu d'effleurer l'épiderme, il ronge le foie, oh ! il n'y a point de nom à donner alors à cette mort vivante ; ce n'est plus la jalousie, et c'est moins que l'enfer.

Cette intolérable douleur était en ce moment celle d'André Chénier. Depuis le grand poëte Prométhée, tous ceux qui ont voulu ravir le feu céleste ont subi en une heure leur siècle de Caucase. André avait vu disparaître le comte de Pressy dans les ténèbres de la nuit et des arbres ; il avait entendu le bruit d'une seconde porte fermée avec précaution, et ses yeux cherchaient à travers la grille pour découvrir un rayon de lumière intérieure aux fenêtres de la maison isolée : rien ne luisait sur la façade ; aucun bruit n'en sortait, et si parfois son oreille croyait saisir des murmures de voix humaines, il reconnaissait bientôt que le vent de la nuit agitait les feuilles, et produisait des murmures intermitents sous les arbres du jardin.

Mais il n'était pas nécessaire d'entendre pour tout savoir, tout connaître, tout souffrir. En pareille circonstance, quel homme aurait pu élever le moindre doute? Par intervalles, un accès de folie si violent embrassait le front d'André, qu'il s'approchait de la grille, avec l'intention d'épouvanter les amans en faisant retentir cette *grande voix* entendue dans les forêts silencieuses, et qui jetait sur tous les visages la pâleur de la mort.

Et les heures s'écoulaient, si on peut appeler les heures ces éternités écoulées dans les douleurs de l'amour. Une légère traînée d'opale courut sur la cime des arbres, et quelques étoiles perdues dans un ciel sombre pâlirent devant cette première lueur de l'Aube. A ce moment, qui n'est plus la nuit et n'est pas l'aurore, André entendit très-distinctement un bruit de porte et de pas dans le jardin; on marchait du dedans vers la grille extérieure; un nouveau mystère commençait, André se cacha derrière un buisson d'aubépine à côté de la grille, et son cœur battait avec tant de violence, que le dialogue suivant faillait être perdu :

— Avez-vous un peu dormi, vous, Valentin?

— Fort peu, monsieur le comte.

— Je dormirai probablement tout le matin, moi, et vous n'entrerez dans ma chambre qu'à midi sonnant... Quelle nuit, Valentin!

Les deux interlocuteurs passèrent, et traversant la chaussée, ils se perdirent dans les profondeurs ténébreuses encore de l'avenue du Tiers.

André sortit de sa retraite et dit avec un sourire de damné : Oui, j'ai bien entendu, il a poussé le fameux cri de joie du poète latin : — *Qualis nox, dii dæque!* — je suis encore vivant après avoir entendu ce cri!

Ensuite, de sombres et folles idées envahirent son cerveau; le délire parlait en lui et lui inspirait le plus étrange des monologues, que devait suivre la plus audacieuse des actions.

— Oui, c'est au moment où nous sommes que je prendrais la peine de réfléchir ! La réflexion est la vertu des calmes époques. On prend les bastilles, on force la porte des rois, on envahit Versailles et les Tuileries, et je m'arrêterais, moi, devant une grille de jardin !

Le mur était bas, André l'escalada facilement et se laissa tomber de l'autre côté. L'aurore éclairait le jardin.

Le poëte frissonnait comme le coupable avant la minute du crime ; il commençait à comprendre qu'il est plus aisé de franchir la grille d'un château royal que le mur d'une maison habitée par une femme ; il n'aurait pas reculé devant la Bastille, le jour de l'assaut, il hésita devant une porte sur un perron : jamais porte ne lui parut mieux fermée. On voyait le vestibule et l'escalier conduisant aux appartements supérieurs. Aucune précaution n'avait été prise, et cette porte béante avait quelque chose d'effrayant.

Après réflexion, André crut devoir admettre qu'il n'y avait, dans ces deux battants ouverts, qu'une étourderie ou une distraction du comte.

— Oui, mais, se dit-il ensuite, son domestique Valentin n'avait pas les mêmes raisons pour être distrait, comme son maître, après l'insomnie d'une pareille nuit !

Il attendit sur le perron le lever du soleil ; cet astre donne du courage et change les incertitudes de la nuit en suprêmes résolutions.

André suivit le premier rayon du soleil dans le vestibule. Son pied n'était pourtant pas encore bien affermi. Il remarqua un salon ouvert à sa droite ; et il y entra. Tout annonçait une femme dans les objets qu'il découvrit. Les consoles, les gueridons, les fauteuils étaient chargés de toutes les brillantes et gracieuses fantaisies qui ont un sexe.

Seulement les vases de Japon ne montraient que des fleurs flétries, et à côté d'un jardin où les lilas et les premières roses abondaient. — Cela ne prouve rien, d'ailleurs, se dit-il : au temps où nous sommes une femme, surtout celle-là, ne songe pas à renouveler tous les jours les fleurs de son salon.

Le jour avançait, aucun bruit ne se faisait entendre, aucun domestique ne se levait. Ce silence était alarmant. Autour du jardin la campagne retentissait des murmures joyeux de la saison.

Une curiosité irrésistible entraîna le poëte; il fit le premier pas sur la première marche de l'escalier, et comme ce premier pas est le seul qui coûte, il monta aux appartements supérieurs. Quatres portes étaient ouvertes, à droite et à gauche, dans un corridor tout éclairé du soleil. A chaque instant le téméraire s'attendait à voir sortir un domestique, et cette idée le glaçait d'effroi et lui conseillait une retraite prudente, avant le scandale qui allait éclater.

Personne ne se montrait, André se décida enfin à pénétrer dans une des chambres, et n'y trouva que des meubles en désordre, et toujours des fleurs flétries depuis longtemps. L'inspection continua dans toutes les autres pièces... désert partout, abandon partout, maison vide !

André ne prit plus aucune précaution ; il marcha d'un pas résolu, il parla haut, ferma les portes avec fracas ; somma les gens du comte de Pressy de paraître. Même silence. Le poëte croisait les bras, inclinait sa tête sur sa poitrine, et réfléchissait.

Il avait beau réfléchir, il ne pouvait former aucune conjecture satisfaisante. Une seule résolution vint se présenter à son esprit, il l'adopta.

Le comte de Pressy avait ordonné à Valentin d'entrer dans sa chambre à midi. André prépara un plan d'attaque, et quittant la maison déserte, il rentra chez lui, pour prendre un peu de repos, et quand il jugea l'heure convenable, il se rendit, par des rues solitaires, chez M. de Pressy.

Le comte achevait sa toilette de grand seigneur, lorsque Valentin annonça Chénier.

— Mon cher comte, dit le poëte, vous m'avez dit hier que vous recevriez tous les jours, et je profite de votre hospitalité quotidienne. J'ai d'ailleurs une excellente raison, aujourd'hui qui m'oblige à user et même à abuser des visites. Ma nuit a été mortellement inquiète et vous devinez bien pourquoi...

— Chénier, — dit le comte d'un ton très-naturel, — vous êtes un poëte, c'est-à-dire un enfant. Ne vous ai-je pas dit, hier que la femme à laquelle vous vous intéressez ne court aucun risque? Avez-vous foi en ma parole de gentilhomme?

— Oui, cher comte, j'ai foi en vous; mais, enfin, vous pouvez, à votre insu, vous induire en erreur vous-même avec la meilleure foi du monde, et lorsqu'il s'agit de la vie et de l'honneur d'une femme noble, on doit...

— On doit, on doit, — interrompit le comte, — on doit se fier à la parole d'un de Pressy.

— Savez-vous la grande erreur des gens du monde, cher comte?

— Non, poëte. Voyons la grande erreur des gens du monde.

— La voici : c'est de croire que les poëtes sont des imbéciles.

— Je n'ai pas dit cela, mon cher André.

— Vous ne le dites jamais; vous le pensez toujours.

— Eh bien! voyons! où voulez vous arriver avec cette épigramme contre les gens du monde?

— Je veux arriver à ceci, cher comte... Vous êtes dans la plus grande des erreurs en disant et en croyant que cette femme n'a couru aucun danger cette nuit.

— Cher André, dussé-je être foudroyé d'une épigramme, je vous traiterai une seconde fois de poëte.

— Cher comte, les poëtes voient tout ce que voient

les autres hommes, et, de plus, tout ce que les autres ne voient pas.

— Ils ont quatre yeux, nous le savons ; continuez.

— Je continue... Je sais de source certaine que la nuit dernière deux hommes ont pénétré dans une maison de l'avenue du Tiers, avec des intentions qui n'étaient pas très-favorables à la noble femme qui nous intéresse, vous et moi.

André prononça cette phrase avec une lenteur étudiée, et ses yeux verts s'enfonçaient dans les yeux de son interlocuteur.

— Ah !... vous avez appris cela ! — dit le comte avec une assurance de ton artificielle, mais qui pouvait tromper une oreille vulgaire.

— Oui, cher comte, j'ai appris cela, et même j'affirme sur l'honneur que ce que j'ai appris est la seule chose qui soit vraie.

— Et moi, Chénier, je persiste dans ce que j'ai dit.

— Il me sera aisé de vous prouver, comte de Pressy, que la maison 18, de l'avenue du Tiers, a été envahie la nuit dernière par deux hommes qui ne l'ont quittée qu'avant le jour... En sortant, un de ces hommes a dit :

— Quelle nuit !

Cet homme est resté inconnu.

— Ah ! l'homme qui a poussé cette belle exclamation est resté inconnu ! — dit le comte avec un flegme superbe.

— Oui, mais on m'a promis de me dire son nom quand on le saura.

— Et que ferez-vous, quand vous le saurez ?

— J'irai protéger cette femme contre les embûches de la nuit.

— Mon cher André, je ne comprends rien à tout ce que vous me dites.

— Vous ne m'appelez plus poëte, maintenant ?

— Vous l'êtes cependant plus que jamais. Il y a des nuages sur votre front, et vous parlez comme la sibylle de Cumes.

— Comte de Pressy, me permettez-vous de déchirer mes nuages ?

— Eh ! mon Dieu ! si cela vous convient, ne vous gênez pas.

— Voulez-vous que je vous dise le nom de l'inconnu de cette nuit ?

— Ah ! oui, je serai bien aise de le savoir, quoique cela me soit fort indifférent.

— Vous me pardonnez d'avance la révélation que je vais vous faire ?

— Je vous pardonne tout... Faites moi connaître l'inconnu.

— C'est M. le comte de Pressy.

— Moi ! — dit le comte en riant faux.

— Vous-même, et vous le savez bien.

— Ma parole d'honneur, mon cher André, je ne sais trop sur quelle herbe du Tiers vous marché ce matin !

— Puisque vous parlez de parole d'honneur, jurez-moi que ce que je vous dis est faux.

— Vous venez donc me dicter des lois dans ma maison, mon cher Chénier ! Ah ! il faut convenir que vous abusez de vos priviléges de 89.

— Cher comte, vous éludez.

— Eh bien ! oui j'élude, voyons ! ne suis-je pas maître chez moi ? Il me convient d'éluder.

— Vous plaisantez fort agréablement, cher comte ; mais il y aura bientôt un moment où vos railleries passeront au sérieux.

— Quand vous me ferez arrêter comme aristocrate ?

— Pourquoi, Monsieur Chénier ? Ne remarquez-vous donc pas que vous me parlez depuis une demi-heure avec un ton d'hostilité fort inconvenant ?

— Prenez-garde, mon cher comte, vous déplacez la question. Nous avions causé, au contraire, fort amicalement. Vous souteniez une thèse, j'en soutenais une autre : vous m'avez vous-même encouragé; puis, lorsque je vous ai poussé dans vos derniers retranchements, par votre invitation, votre sourire s'est éteint sur vos lèvres; et, pour la première fois, votre charmant regard est devenu sérieux.

— Eh bien! oui, André Chénier; oui, c'est moi qui suis entré, la nuit dernière, dans cette maison : êtes-vous content?

— Content à demi.

— Vous êtes bien exigeant!

— J'ai le droit de l'être.

— Voyons ce droit.

— Comte, je suis amoureux de cette femme.

Le comte de Pressy donna un libre essor à un de ces éclats de rire homérique, comme les poitrines aristocratiques seules peuvent en contenir, aujourd'hui que les dieux de l'Iliade n'existent plus.

Chénier suivit avec de grands yeux ébahis cette explosion d'hilarité folle dans toutes ses phases, et attendait une fin qui n'arrivait pas.

— Vous êtes amoureux de cette femme? dit le comte.

Et le rire tournait à son déclin; on n'entendait plus que les notes expirantes d'une interminable gaîté.

— Eh bien! comte, — dit Chénier avec cet air candide qui ramène souvent les grands poëtes à l'enfance, — eh bien! que trouvez-vous là d'étonnant? Il me semble que je suis de l'âge de ceux qui aiment. Vous m'avez forcé dans mon aveu, je vous l'ai fait : oui, j'aime cette femme.

— Chénier, vous ne pouvez pas vous faire encore une idée de la violence bouffonne de cet aveu; on ne peut trouver son égal que dans une comédie de Goldoni, traduite par Cailhava... Connaissez-vous cette comédie ? elle est intitulée l'*Amoureux imprudent*. La connaissez-vous ?

— Non.

— Mais au moins, connaissez-vous cette femme dont vous êtes amoureux ?

— Comte, je vous ai déjà dit, hier, que je ne la connaissais pas.

— Eh bien ! mon cher poëte, c'est ma femme !

X.

ON PRÉPARE LA LOI DES SUSPECTS.

A cette foudroyante nouvelle, annoncée dans un éclat de rire, André Chénier se trouva dans la position que son aïeul fraternel Ovide a si bien décrite, la position de l'homme touché par le tonnerre ; il vit encore, et il ne sait pas s'il est vivant [1] !

Quand le nuage de sang qui monta au front de Chénier se fut éclairci, la parole revint sur ses lèvres, et il dit d'une voix sourde :

— Comte, vous avez prononcé un de ces mots qui brisent un entretien et une relation. Adieu ! comte de Pressy.

Il fit quelques pas vers la porte et tourna la tête en entendant son nom prononcé deux fois par M. de Pressy.

— Chénier, Chénier, vous êtes plus qu'un poëte, vous êtes un enfant, devenez enfin un homme. Quoi ! vous voulez briser nos relations, parce que vous êtes amoureux de ma femme ! Si je prenais cette initiative de susceptibilité, moi, je serais excusable, mais vous, vous n'avez pas le droit de rompre ! je vous conteste ce droit.

— Comte de Pressy, — dit Chénier, en se retournant sur un seul de ses pieds, — ne vous blessez pas de ma franchise...

Ne craignez rien ; dites toujours.

[1] Fulmine tactus,
Vivit et est vitæ nescius ipse suæ.

— Je n'ai pour vous ni haine, ni répugnance, au contraire ; eh bien ! je suis forcé de sortir, parce que vous me faites horreur !...

— Parce que je suis le mari de ma femme ? — dit le comte en riant. Vous avez un luxe de franchise merveilleux !

— Adieu donc Chénier ! — et il ajouta d'un ton plus bas : Voilà le poëte !

Valentin, qui se promenait dans le vestibule, ne voulut pas permettre que Chénier sortît par la porte de la rue ; il lui fit traverser le jardin et lui ouvrit une porte qui touchait à la campagne, et comme le poëte se laissait conduire aveuglément, sans faire la moindre observation :

— Il faut être, lui dit-il, plus prudent que jamais, et vous savez pourquoi.

Et comme Chénier se taisait toujours, Valentin ajouta :

— Vous ne savez pas pourquoi ?

— Non, — répondit Chénier machinalement.

— Parce nous avons reçu ce matin, à Versailles, de très-mauvaises nouvelles de Paris.. Cela n'a pas l'air de vous intéresser beaucoup... Cependant... Connaissez-vous ces nouvelles ?

— Non, — répondit le poëte comme l'automate de Vaucanson, qui prononçait ce monosyllabe.

— Ah ! vous ne les connaissez pas ! Eh bien !.... on va décréter sur la..

— Merci ! Valentin, dit le poëte d'un ton sec.

Et il s'élança vers la campagne, en laissant Valentin plongé dans la stupéfaction.

André marcha longtemps au hasard avant de songer à s'orienter ; il lui fallut quelques heures pour trouver sa maison, qu'il ne cherchait pas. Roucher se promenait dans le jardin ; il accourut au devant de son ami, avec la joie d'un enfant qui a reçu une récompense, et lui dit :

— Mon cher André, j'ai fait la plus belle découverte du monde et je mourais d'envie de vous la communiquer.

André, qui avait une idée fixe sur les découvertes, tressaillit, serra les mains de Roucher, et l'interrogea des yeux.

— J'ai découvert enfin deux vers littéralement traduits, et c'est M. de Voltaire qui les a traduits dans sa *Henriade*, et sans le savoir !... Cela ne vous étonne pas, André?

— Oui, dit André, comme il aurait dit : non

— Cela paraît peu vous étonner.

— Cela m'étonne beaucoup.

— Voici les deux vers latins ; ils sont de Vida... Suivez bien le sens, mon ami.

— Je suis le sens.

— Ecoutez :

Turba sacerdotum, pede, fortunata, quieto
Emilios calcat cineres tumulosque Catonum.

— C'est très bien ! dit André, et fit un mouvement pour se séparer de son ami.

— Comment ! c'est très bien ! — dit Roucher en retenant le fugitif — eh ! vous n'avez pas entendu la traduction de M. de Voltaire ?

— Ah! oui, la traduction.

— La voici :

Des prêtres fortunés foulent d'un pied tranquille,
Les tombeaux des Catons et les cendres d'Emile.

Très bien traduit ! — dit André, en se dégageant des mains de son ami

— Est-ce fort cela, mon cher André?

— Très fort !

— Littéralement traduit !

— Traduit littéralement.... Roucher, j'ai un travail

à terminer là-haut ; nous nous reverrons ce soir... j'ai besoin d'être seul.

— N'êtes vous plus seul, quand vous êtes avec moi ? André ?

— Oui, Roucher, nous ne faisons qu'un toujours, vous et moi, mais, aujourd'hui, il y a une....

— Ah ! je comprends, Chénier, je comprends... C'est, en effet, bien terrible...

— Qui est terrible ?

— Ce qui vous préoccupe.

— Ah !... vous savez...

— Mon Dieu ! tout le monde le sait !

— Comment ! Roucher, tout le monde connait cette affaire !

— Eh ! puisque les gazettes en parlent !

— Que dites-vous,... Roucher ?... Ah ! je devine, c'est une vengeance de Brissot ?

— Et de bien d'autres, André !

— Voilà le dernier coup, le coup de grâce, Roucher, mon ami !... Et le nom de cette femme a-t-il été révélé aussi dans les papiers publics ?

— Quelle femme, André ?

— La comtesse de Pressy,

— Quelle comtesse ? dit Roucher en ouvrant de grands yeux.

— On n'a point parlé d'elle ! Dieu soit béni !

— Je crois, André, que nous ne nous entendons pas... je vous parle, moi, de la grande nouvelle du jour.

— Et moi aussi, Roucher, je vous parle de celle-là.

— De la loi contre les suspects que M. Robespierre va faire promulguer. — Ah ! ce n'est que cela ?

— Il me semble, André, que c'est suffisant.

— Ce n'est rien du tout.

— Y pensez-vous, André ! une loi contre les suspects ! une loi contre vous, contre moi, contre tous nos amis! contre les écrivains des *Suppléments* ! contre les partisans des Girondins ! Cela n'est rien du tout ?

— Oui, rien.

— Il persiste !

— Mais, mon bon Roucher, il paraît que vous étiez de mon avis tout à l'heure, puisque je vous ai trouvé méditant sur deux vers latins du poëte Vida.

— C'est juste,— dit Roucher avec bonhomie.— J'avais aussi oublié la loi des suspects.

— Comment vous étonnez-vous alors que je l'oublie !

— A propos de Vida, mon bon Chénier, approuvez-vous le dernier vers du poëme sur Jésus-Christ ?

— Qu'y a-t-il de coupable dans ce vers ?

— Il est spondaïque.

— Voilà un grand malheur !

— Vous ne connaissez pas ce vers, peut-être.

— Non.

— Alors vous ne pouvez le juger.

— C'est évident : aussi je ne le juge pas.

— Le voici...

— Adieu ! Roucher...

— André, vous ne voulez pas connaître ce vers spondaïque.

— Eh bien ! Voyons le vers spondaïque.

— Remarquez les deux *spondez* de la fin :

Suprémamque auram, ponens caput, expiravit.

— Ce vers est affreux ! Adieu ! Roucher.

Et André courut vers la maison.

Roucher, resté seul, poursuivit tranquillement ce monologue.

— Affreux ? c'est un jugement bien dur, injuste même : car les deux spondées expriment très-bien l'agonie et le dernier soupir, bien mieux qu'un dactyle et un spondée arrangés selon les règles de l'hexamètre. Chénier n'a pas bien compris.

Heureux poëte !

Réunissez tous les livres de philosophie et composez-en l'élixir électrique d'une théorie nouvelle qui vaille cette sagesse en action ! Quel dédain sublime des hommes et des choses ! Le poëte des *Mois* souriant à des vers, quand tout s'écroule autour de lui, est plus beau que Pline, qui ordonne à son pilote d'aller chez Pomponianus, sous les cendres du volcan (1).

En ce moment même André Chénier luttait, avec un autre genre de philosophie d'action, contre la tempête extérieure des hommes. Pendant que l'amour s'exilait de la terre et que des haines formidables flétrissaient toutes les fleurs du beau printemps de 93, le grand poëte aimait une femme inconnue, et ne voyait sur le sombre horizon que cet arc-en ciel lumineux.

Son âme, brisée par la douleur, demandait au corps un peu de repos pour se lancer à la poursuite de cet amour, au milieu des embûches politiques de la proscription. Que lui importaient les bruits sinistres arrivés de Paris ! Il avait à se donner à lui-même la solution de bien plus graves mystères. Quel était ce comte de Pressy, reclus dans sa maison, et vivant loin de sa femme ? Quelle était cette femme, abandonnée de son mari et se constituant l'ange gardien d'un poëte ? Quelle était cette maison de l'avenue, où le comte passait toutes les nuits, dans la plus chaste des solitudes, en ne laissant d'autres traces de sa veille que des portes ouvertes et des fleurs flétries ? Toute la vie d'André Chénier était dans ces trois problèmes. Ils étaient bien stupides ceux qui, dans ce moment, préparaient des lois contre les suspects ! Ces proscripteurs n'avaient donc point de femmes et point d'amour !

Le poëte avait adopté une résolution, et lorsque le

---

(1) Verte ad Pomponianum (Lettres de Pline le Jeune).

corps fut reposé, l'âme reprit sa vigueur et fonctionna.

Quand la dernière lueur du crépuscule fut éteinte, André sortit de son asile et suivit la pente de l'avenue jusqu'au n° 18. Ce n'était pas l'heure de l'arrivée du comte : on pouvait donc, sans crainte de le rencontrer, faire une seconde invasion dans le jardin, par les chemins déjà connus. La nuit favorisait cette tentative hasardeuse et pleine de périls, car le poëte savait que le comte de Pressy, malgré sa gracieuse étourderie de gentilhomme, portait une épée dont il se servait héroïquement dans l'occasion.

Cette fois André laissa la petite maison à sa gauche, et visita un massif d'arbres pour y choisir un bon poste nocturne d'observation.

Comme il explorait tous les recoins de ce petit parc, il longea une grille de fer qui séparait ce domaine du domaine voisin, et, en jetant un regard à l'extérieur, il vit une femme s'acheminant avec une lenteur rêveuse vers une allée d'arbres arrondis en voûte, du côté de la grille de clôture. La nuit était fort sombre, et il fallait bien se tenir en garde contre le rapport de ses yeux avant de donner un nom à un objet.

Aussi, malgré ses noires préoccupations, Chénier ne put s'empêcher de sourire en se disant à lui-même :

— O illusion de l'amour ! elle fait trouver partout ce qu'on cherche : ne suis-je pas assez absurde pour croire reconnaître dans cette femme la comtesse de Pressy !

Cependant, comme le rêve est toujours la chose préférable en l'absence de la réalité ; comme il y a toujours une sorte de bonheur à regarder la femme indifférente qui ressemble à la femme aimée, notre poëte s'appuya contre la grille limitrophe en voilant sa tête des massifs de larges feuilles que la saison prodiguait, et, comprimant son haleine, il regarda passer, à portée de main, la belle voisine.

Malgré l'intensité des ténèbres, sous la voûte opaque de l'allée du jardin, André reconnut la taille, la tournure, la démarche de la comtesse, et l'hémistiche d'un autre poète, son aïeul aussi, lui revint en mémoire : — *Qui peut tromper celui ou celle qui aime !* (1).

— Oh ! je ne me trompe pas pensa-t-il, ne pouvant le crier.

L'allée où la jeune femme avait établi sa promenade du soir n'était pas longue ; ainsi, à courts intervalles, elle passait et repassait devant les yeux scrutateurs qui lançaient des rayons pour éclairer son visage.

L'arrivée d'une autre femme sous l'allée dissipa le dernier doute du poète. La nouvelle venue était bien la suivante ou l'amie de la comtesse, et d'ailleurs la conversation qui s'engagea toute de suite à voix basse, laissait des lambeaux décousus devant le poste d'observation, en trahissant la belle inconnue.

Chénier entendit ainsi très-distinctement ces mots sans suite, mais significatifs, tombés au passage : — Personne n'a plus reparu dans... — fausse alerte, qui... — oui, l'homme du jardin était sans doute un vieillard sans... — il faut même se méfier de ces chanteurs... — une maison change de... — il faut pourtant se tenir sur ses gardes... — et où peut-on se réfugier, d'ailleurs, lorsque... — si M. Chénier n'a point.

A ce nom qui effleura, en l'embrasant, l'oreille du poète, la dernière obscurité se dissipa, comme si le soleil eût percé le dôme des arbres. Chénier appela toute son énergie à son secours, pour s'éclairer lui-même et s'arrêter sur une détermination.

Au même instant, des bruits de portes ouvertes et des pas amortis par le gazon arrivèrent à son oreille. Deux hommes montaient avec précaution le perron de la mai-

1 Quis fallere possit amantem !

son déserte. Il n'y avait aucun doute à élever sur ces deux visiteurs nocturnes : c'étaient le comte de Pressy et Valentin ; ils arrivaient à la même heure, comme la dernière nuit.

Ainsi, tout s'expliquait ; tous les rayons éclairaient à la fois ces mystères et ces ténèbres. La maison déserte conduisait, par un prudent détour, à la maison habitée. Les deux époux, séparés sans doute par la tourmente révolutionnaire, se réunissaient tous les soirs à la faveur du voisinage de ces deux jardins. Le n° 18 n'était qu'un passage clandestin pour arriver au n° 19.

La grille de clôture avait, à coup sûr, une porte mitoyenne que la nuit ne permettait pas de voir, mais qui allait s'ouvrir devant la main du comte. Ces idées, naturellement déduites de la circonstance, traversèrent le front de Chénier avec la rapidité de l'éclair.

Le poëte serra la grille du jardin avec des mains convulsives, et attendit les autres révélations de cette affreuse nuit.

XI.

LA FEUILLE BLANCHE.

Si tous les jeunes hommes de cette époque se fussent trouvés dans une position équivalente à celle d'André Chénier en ce moment, 93 n'aurait pas existé.

Notre poëte était comme étouffé par deux émotions mortelles; et ne sachant à laquelle des deux donner la préférence, il les subissait à la fois, comme un homme qui recevrait deux coups de poignard et souffrirait une double agonie avant sa mort.

Il y avait surtout un moment intolérable, celui dont le poëte allait être le témoin lorsque la porte de la grille s'ouvrirait pour réunir les époux dans le même jardin. Oui, l'homme qui ne recule pas devant cette angoisse suprême de l'amour, et l'attend de pied ferme, n'a plus rien à redouter, dans sa vie, des fatalités de l'avenir.

La nuit, en s'avançant, ne donnait aucun nouvel incident à cette scène, jouée par trois personnages sur trois points éloignés. Le poëte comparait sa position à celle du condamné qui, dans sa prison, a entendu sonner l'heure de son supplice, et, ne voyant pas arriver le geôlier et le bourreau, conçoit un vague espoir de pardon, à force de s'étonner de l'inexactitude de la mort.

La jeune femme avait engagé avec sa suivante un de ces entretiens décousus et saccadés, qui sont, le soir, comme la table des matières d'une longue conversation du jour. Elle s'arrêta dans sa promenade, à peu de distance de Chénier, et dit à voix basse, mais distincte :

— Il est impossible, vous dis-je, que ce jeune homme ne porte pas quelque intérêt à la femme inconnue qui a écrit cette lettre. Mon dernier billet était alarmant, et mon devoir est de le rassurer demain.

— Le rassurer par un autre billet que madame a écrit demain? dit l'autre femme.

— Sans doute.

— Alors, madame, j'irai demain à Viroflay pour avertir votre messager fidèle, ce bon Denis.

— Et de très-bonne heure, Angélique, de très-bonne heure; il faut que mon billet soit remis, vers midi, à M. Chénier.

— Oui, madame, parce que M. Roucher dort toujours à cette heure-là.

— Ainsi, vous vous lèverez avec le soleil, Angélique et maintenant, vous pouvez vous retirer, je vous souhaite une bonne nuit.

— Madame ne veut pas m'écouter? je crains pour elle l'humidité du soir...

— Bonne Angélique, est-ce que les femmes craignent quelque chose aujourd'hui?

— Madame a toujours raison.

Angélique sortit de l'allée et disparut bientôt; la jeune femme continua sa promenade, pour se dédommager, sans doute, de la longue réclusion du jour.

Nouvelle péripétie pour André Chénier!

L'idée qui vint aussitôt le saisir impérieusement n'était ni sensée ni convenable, mais il y a des moments où l'esprit a perdu le calme, ce régulateur de toutes les actions, où l'homme abdique sa raison pour obéir à un instinct.

Il déchira une page blanche du petit Album qui recevait les confidences de la muse antique, il écrivit au crayon ses deux noms, et, quand la jeune femme eut passé devant lui, il étendit le bras, et laissa tomber ce papier sur le gazon de l'allée, où sa blancheur se détacha dans l'ombre comme une lame d'argent.

En ce moment, les convives d'un festin civique, au nombre de deux mille, descendaient l'avenue du Tiers, en chantant l'hymne admirable de Marie-Joseph Chénier. Cet ouragan de voix était formidable, comme le défi d'une armée en face de l'ennemi, et André ne l'entendit pas ! Toute son âme avait passé dans son regard, fixé sur un seul point.

Ces minutes décisives, qui apportent avec elles la révélation de l'inconnu et la destinée d'une existence, sont lourdes sur le front comme le poids de l'infini.

La jeune femme remonta l'allée, et chacun de ses pas s'amortissait sur la poitrine du poète; elle s'arrêta tout à coup, et le murmure sourd d'une aspiration gutturale se fit entendre distinctement dans le silence de la nuit.

Il ne faut pas toujours, au milieu des ténèbres tristes, une apparition soudaine et formidable, pour glacer l'âme de terreur ; le moindre détail qui brise la logique des faits vulgaires révolte l'esprit et donne l'effroi comme un péril de mort?

L'air n'avait pas une seule brise : aucun souffle n'agitait les plus légères feuilles des arbres, et la jeune femme rencontrait là, sous ses pieds, quelque chose d'épouvantable, qui agitait convulsivement la main prête à la toucher !... Elle jeta un rapide regard autour d'elle, et ramassa la feuille blanche avec la précaution méticuleuse qui effleure un tison... Malgré l'intensité des ténèbres sous le dôme des arbres, le nom d'André Chénier, écrit en larges caractères, se laissait lire facilement... La feuille échappa des doigts comme si elle les eût brûlés; un murmure strident sortit des lèvres de la jeune femme, et ses deux bras se tendirent de stupéfaction vers un massif de feuilles agitées sur la grille, au milieu de la morne immobilité du jardin.

Au même instant, elle entendit une voix douce qui disait :

— *Est-ce que les femmes craignent quelque chose aujourd'hui?*

— Oui, elles craignent rien, dit la jeune femme en s'avançant d'un pas résolu vers la grille et la voix.

— Madame, dit le poëte en tremblant, c'est une voix amie qui vous parle... Je suis André Chénier.

— C'est bien lui! dit la jeune femme; et elle serra la main que lui tendait le poëte.

— Que les révolutions soient bénies, madame, je leurs dois ce panchement spontané, cette franchise d'affection que les convenances repousseraient dans des temps ordinaires. Vous et moi, nous nous abordons pour la première fois comme de vieux amis.

— C'est que nous sommes de vieux amis, M. Chénier, dit la jeune femme; et la preuve, c'est que j'ai reconnu votre voix.

— Il me serait bien cruel, madame, de détruire chez vous une illusion qui me donne, en ce moment, un bonheur immérité... mais je suis obligé, en conscience, de vous dire que ma voix vous a été inconnue jusqu'à ce jour.

— Non, monsieur, elle m'est connue depuis cinq ans... cherchez bien dans vos souvenirs.

— Excusez-moi, madame, si le début de notre entretien éloigne de ma bouche tout ce que j'avais à vous dire; je veux rester dans le sillon que vous avez tracé vous même, dussé-je regretter jusqu'à la mort ce précieux instant... Ces souvenirs sont tous absorbés par votre présence, mais si j'avais eu le bonheur de vous parler une seule fois, je sais bien que je vous aurais parlé toujours. Au reste, madame, si cette illusion a le moindre charme pour vous, daignez la garder toute votre vie, et j'en ferai, ensuite, pour moi une réalité.

— Monsieur, vous l'avez dit avec raison, nous vivons dans un temps où l'incertitude du lendemain nous délivre de vieilles convenances sociales; mais je tiens pourtant à constater que vous êtes pour moi un très-ancien ami, et je vais tout de suite rassurer votre conscience qui, devant mon illusion n'adopterait pas une réalité mensongère, quoi que vous en disiez... Il y a cinq ans, monsieur, vous avez traversé la Provence; vous avez séjourné à l'hôtel de la Tour-d'Aigues, à Aix, et...

— Oui! oui! — dit Chénier en supprimant une exclamation de joie, très-dangereuse à cause du voisinage. — Pardonnez-moi!...... Vous êtes Mme la comtesse Marguerite de G... Oui! mais je vous avais reconnue sans vous reconnaître; ma seconde impression continuait la première. Sous votre modeste costume du 93, rien ne m'annonçait de loin la brillante comtesse de 88; mais la séduction de la grâce et l'éclat de la beauté n'ont pas été détruits comme nos costumes par le souffle du démon politique, et à cinq ans d'intervalle j'ai rencontré encore, sous une coiffure vulgaire, ce type idéal et divin que tout poëte garde en lui comme le rêve de son adoration.

— Je vous remercie, monsieur, de rester fidèle, en ce temps-ci, aux anciennes formes de la galanterie française. Les ombres des gentilshommes de Versailles doivent tressaillir de joie en vous écoutant... Toutefois, veuillez bien remettre l'entretien dans le sillon où je l'ai placé, comme vous dites, et veuillez bien m'expliquer le mystère de votre présence dans ce jardin.

— Madame, dit Chénier d'un ton irrésolu, Dieu m'est témoin que le hasard seul m'a conduit ici.

— Monsieur Chénier, je vous prie d'avoir la franchise du gentilhomme comme vous en avez le langage.

— Madame...

La voix du poëte s'arrêta comme si la langue eût été soudainement paralysée ; mais un geste véhément, un geste irrésistible, comme un coup de foudre de l'éloquence, continua la phrase suspendue ; et repoussa la comtesse bien loin de la grille du jardin.

La jeune femme bondit en arrière comme une gazelle blessée, et devinant à la brutalité du geste toute l'imminence du péril inconnu, elle se réfugia dans le plus ténébreux recoin de son petit parc.

A quelques pas de Chénier se trouvait un puit d'arrosage dont l'orifice était presque tout recouvert par la végétation luxuriante et sauvage qui croît si vite dans les terrains abandonnés. Le poëte ne voyant que ce refuge, n'hésita point. Il se glissa, en écartant les herbes, dans le périlleux asile, en rondissant avec vigueur ses pieds et ses mains, il se cramponna aux crevasses des parois intérieures, et suspendu ainsi sur l'abîme, il attendit ce que le destin lui envoyait sous le nom du comte de Pressy.

On a déjà compris, sans doute, qu'un bruit de pas et de voix avait frappé l'oreille d'André Chénier et que cet incident, facile à prévoir, venait d'interrompre l'entretien.

Le comte, suivi de Valentin, descendait le perron et en agitait, malgré sa prudence, les pierres disjointes ; il marcha lentement jusqu'à la grille et s'arrêta devant le puit d'arrosage pour examiner et entendre : sa main serrait la garde d'une épée nue, et la fierté de son attitude annonçait l'énergie d'une résolution.

Il n'y avait que ténèbres et silence dans les deux jardins.

Valentin, les bras croisés sur sa poitrine et la tête négligemment penchée sur une épaule, n'accordait qu'une attention railleuse à ce danger invisible.

Ne voyant rien, n'entendant rien, le comte crut pouvoir hasarder quelques paroles, et même, il commit à dessein cette acte d'imprudence, pour provoquer un péril, qu'il préférait à cette absurde inaction.

— Valentin, dit-il, je comprends le sens de ton silence : j'écoute ta pensée : eh bien ! je t'affirme que mes oreilles ne m'ont pas trompé tout à l'heure. On a parlé ici,... ici même,... j'en suis certain.

Si monsieur le comte l'affirme, je crois ce que monsieur le comte dit.

— Il y a un effet d'acoustique dont je me rends bien compte dans ce jardin : c'est le même phénomène remarqué à Trianon ; nous nous en amusions souvent avec la reine et madame de Polignac. Celui qui parlait à voix basse, la nuit, devant la grille, était entendu très-distinctement sous le mur du château. Ici, la voix qui part de cette grille suit l'allée et va rebondir contre la façade nue de la maison, où elle tombe dans une oreille, s'il se trouve là un auditeur. Je puis même affirmer que non-seulement j'ai entendu la voix, mais encore ces mots : *le rêve de mon adoration*... Tu conçois, Valentin, que je ne puis pas inventer ce détail. A coup sûr, ce n'est pas cet arbre qui parle à ce puits du *rêve de son adoration*, et ces mots ne pleuvent pas du ciel, en bon français.

— Ah ! monsieur le comte, — dit Valentin en s'inclinant, — vous me donnez maintenant tant d'explications que...

— Que tu n'as pas encore rien expliqué, Valentin.

— C'est possible, monsieur le comte.

— Nous sommes arrivés ici pour nous mettre en embuscade et protéger la comtesse, en cas de violence jacobine. Mon rôle est changé ; il faut que je me défende, moi, contre quelque dameret Girondin, qui prêche le *Contrat social* pendant le jour, et l'*Art d'aimer* pendant la nuit.

— Ici, monsieur le comte me permettra de ne pas être de son avis. Ce ne serait pas madame la comtesse qui prêterait l'oreille à un avocat girondin.

— Je sais très-bien ce que je dis, Valentin; et je dis tout haut ce que je sais, parce que, si je suis entendu par un homme de cœur caché dans ces broussailles, il en sortira, et trouvera une épée à croiser avec la sienne... Il y a même ici un sépulcre pour y dérober un cadavre : ce puits...

— Il doit être profond, car il est étroit, — dit Valentin en s'avançant vers le puits.

Le comte l'arrêta par un signe brusque, et lui montra l'autre jardin à travers la grille.

Dans les ombres nocturnes de l'allée voisine passait en ce moment une forme humaine, dont la démarche solennelle rappelait tout ce qu'on raconte des visions de minuit. M. de Pressy s'avança jusqu'à la grille, et suivit des yeux l'apparition, qui se perdit un instant dans les massifs noirs des arbres et reparut sur la lisière la plus ténébreuse du petit parc.

— Valentin — dit le comte à voix basse — crois-tu aux fantômes, toi?

— Non, monsieur le comte, je suis marin, et il ne peut pas y avoir des fantômes à bord des vaisseaux. Alors je n'y crois pas.

— Eh bien! que penses-tu de la chose que nous voyons là, dans l'autre jardin?

— Je pense, monsieur le comte, que c'est une femme naturelle.

— Pourrais-tu donner un nom à cette femme?

— Oui, monsieur le comte.

— Il est impossible de s'y méprendre, Valentin, n'est-ce pas?

— Oui, c'est madame la comtesse, comme je suis Valentin.

— C'est elle ! c'est elle dans la plus obscure des nuits ! mon cœur la verrait avant mes yeux !

Et le comte se tut pour suivre tous les mouvements de cette gracieuse.

XII.

L'ONCLE ET LE NEVEU.

En ramenant cette histoire à la veille de cette nuit de terreur, nous trouverons, dans une salle de l'Hôtel-de-Ville de Versailles, Claude Mouriez, s'entretenant avec un jeune homme de vingt-deux ans, d'une figure grave et pleine d'expression.

Le portrait physique de Claude Mouriez a déjà été tracé par Valentin; le portrait moral arrivera bientôt, sans peintre.

— Adrien, mon petit neveu, — disait Claude Mouriez en se promenant avec rapidité, — il y a plusieurs manières d'être républicain. Toi, tu es un républicain du *de Viris illustribus*. Tu as vingt-deux ans, j'en ai trente-cinq; tu as des vertus et j'ai des passions; tu ne désires rien, je désire tout. Notre républicanisme ne peut pas être de la même souche. Voilà !

— Mon oncle, voici la différence : je veux servir la république, moi, et vous voulez vous en servir, vous.

— C'est joli, mais je suis sûr, Adrien, que tu as pris cela dans quelque Platon.

— J'ai pris cela dans mon cœur.

— Je t'en félicite, mon neveu; mais attends, tu y trouveras bien d'autres choses, dans ton cœur; et quand tu auras des passions, tu te serviras de la République pour faire ton chemin.

— Ne m'accusez pas dans mon avenir, mon oncle; je ne puis pas défendre ce qui n'existe pas, je défends mon présent.

— Mon petit Adrien, tu as trop de bon sens et d'esprit pour moi. Suis mon conseil : retourne dans le Calvados, auprès de ta mère, qui est veuve et qui a besoin de voir, chaque jour, son fils unique. Là, tu seras républicain à huis-clos, et ta vertu spartiate ne se scandalisera plus de la conduite de tes voisins. Si tu veux continuer à me servir de secrétaire, obéis-moi et ne contrôle plus mes actions. Un secrétaire est une chose qui reçoit des secrets, les garde, et noircit du papier à raison de douze cents livres par an.

— Oui, mais je suis votre neveu, aussi; je suis le fils de votre frère, mort glorieusement à Fleurus; et, vous le savez, c'est à la mémoire de mon père que vous devez les hautes fonctions extraordinaires dont vous êtes investi. Tout cela me donne quelque droit à vous parler franchement...

— Et tu en abuses, Adrien, parce que, sous mon air farouche, tu sais que je suis bon...

— Oui, mon oncle, quand une passion ne vous emporte pas, vous êtes un excellent homme; mais la passion vous emporte toujours.

— Même en ce moment, où je raisonne avec cette tranquillité?

— Comment! vous avez déjà oublié votre colère de ce matin, à propos de la ci-devant comtesse Marguerite?

— Eh bien! n'avais-je pas cent fois raison contre toi?

— Vous le voyez, mon oncle, nous allons recommencer!

— Mais je recommencerai soixante fois à l'heure. Adrien, tu es un enfant et je suis un homme. Je connais toute l'étendue de mes devoirs. Cette ci-devant comtesse est une ennemie acharnée de la République; elle conspire contre le gouvernement.

— C'est vous qui conspirez contre elle.

— Adrien, tu te fais insolent !

— Il n'y a que moi qui puisse vous dire la vérité ; vous êtes plus heureux qu'un roi.

— Tu devrais ajouter que je suis amoureux de cette femme... Voyons !... parle...

— Puisque vous l'avez ajouté vous-même, je n'ai plus rien à dire.

— Adrien, tu me soupçonnes de cela?

— Je ne soupçonne pas ; j'en suis certain.

— J'aime mieux rire de tes impertinences, Adrien, que de m'en irriter.

— Eh bien! mon cher oncle, ne vous acharnez plus après cette femme, et je rétracte tout ce que j'ai dit.

— Et mon devoir, Adrien, mon devoir?

— Votre devoir, mon oncle, est de vous montrer bon et honnête républicain, et de faire aimer la République. Ne donnez aucun prétexte de calomnie aux royalistes ; ayez les mœurs austères des...

— Ah! tu crois, mon petit Adrien, — interrompit brusquement Claude Mouriez, — tu crois que je prends goût à tes sermons? Mais vraiment, c'est le monde renversé ! les neveux en remontrent à leurs oncles ? c'est l'inverse des comédies de Molière!... Brisons-là, mon neveu, et introduis tout de suite ce saltimbanque, qui est la première cause de notre discussion. Obéis-moi, ou pars pour le Calvados.

— Vous savez, mon oncle, que ce pauvre diable est détenu arbitrairement en prison.

— Parbleu ! je le sais bien !

— Aussi, mon oncle, je n'ai pas la prétention de vous l'apprendre ; je recommande ce malheureux à votre justice et à votre humanité.

— Nous verrons... Introduis.

C'était le chanteur ambulant, le faux savoyard Vincent qui entra, pâle comme un cadavre.

Claude Mouriez s'assit, et, fouillant dans des liasses de papier, il en retira une feuille et dit au prisonnier :

— Voici le procès-verbal de ton arrestation, Vincent. Nous verrons ensuite ce que tu as à me répondre... Tu as été arrêté dans l'avenue du Tiers pour avoir chanté la chanson prohibée : *Quand mon bien-aimé reviendra*. On t'a fouillé ; on a trouvé dans tes poches plusieurs pièces d'or ; on t'a demandé d'où provenaient ces pièces. Tu t'es troublé et tu as répondu qu'un vieux te les avait données pour découvrir la maison d'une femme, qu'après bien des recherches, tu l'avais enfin trouvée dans l'avenue du Tiers. Tout cela est-il vrai ?

— Oui, — dit Vincent, d'une voix d'agonie ; — il n'y a qu'une chose fausse : je n'ai pas chanté : *Quand mon bien-aimé reviendra* ; on a mal entendu.

— Au reste, cela importe peu...

— Comment ! cela importe peu ! — interrompit Adrien, en se penchant à l'oreille de son oncle ; cela importe beaucoup, puisque, s'il n'a pas chanté cette chanson, la police n'avait pas le droit de l'arrêter.

— Je sais ce que je dis, Adrien... Ecoute bien, Vincent, et parle selon la vérité, si tu veux être libre... Où demeure cette femme pour laquelle on t'a donné tant d'or ?

— Elle demeure avenue du Tiers, n° 19.

— Tu la connaissais, sans doute, avant de la chercher.

— Oui.

— Où l'avais-tu connue ?

— Je l'avais vue à la fenêtre d'un hôtel rue du Réservoir.

Claude Mouriez fit un mouvement de joie qui n'échappa point au jeune Adrien.

— Vincent, — dit Mouriez d'une voix encore émue, — si tu as dit la vérité, tu seras libre demain. Retire-toi, on va te reconduire à la prison.

Vincent s'inclina, et sortit la joie peinte sur la figure.

— Eh bien! mon petit Adrien, — dit Mouriez en se composant une face impassible; — tu vois que je suis juste et humain.

— Je vois que j'ai bien deviné, voilà tout! — dit Adrien d'un air sombre.

— Pouvais-je le mettre en liberté aujourd'hui, Adrien, soyons de bonne foi.

— Oh! mon oncle, il ne s'agit point de cela.

— Et de quoi s'agit-il? — demanda Mouriez avec le calme de la candeur.

— Il s'agit toujours, mon oncle, de la ci-devant comtesse Marguerite. Le hasard vient de la livrer entre vos mains. Vous avez là devant vous mille procès-verbaux que vous ne lisez jamais peut-être; vous avez lu celui du chanteur ambulant, parce qu'il vous intéressait. Vous voyez qu'il s'agit de la femme que vous poursuivites à l'hôtel de Grave, rue du Réservoir.

— Adrien, — dit l'oncle avec une gravité feinte, — je t'écoute avec la bonté tolérante d'un père, car je te regarde comme mon fils, et je veux même pousser ma bonté paternelle jusqu'à une sorte de justification. Peux-tu désirer davantage?

— Non, mon cher oncle; vous savez bien que je vous aime, et que je m'efforce de corriger votre nature en me servant de tout ce qu'il y a bon en vous.

— Il est charmant, ce neveux! — dit Mouriez avec un léger sourire; — moi, devant qui tout tremble ici, vous verrez que je serai obligé de trembler, à mon tour, devant un écolier!... Adrien, tu connais et tu as vu la scène scandaleuse de l'hôtel de Grave?

— Oui, mon oncle.

— Tu as vu par tes propres yeux avec quelle imprudence contre-révolutionnaire cette femme étala sur son balcon des fleurs de couleur séditieuse?

— Mon oncle, comment pouvez-vous dire ces choses sans frire? Est-ce qu'il y a des fleurs séditieuses? Et sous le régime de la liberté, chacun n'est-il pas libre d'étaler sur son balcon les fleurs qui lui conviennent?

— Non, mille fois non ; voilà ce qui prouve bien que tu es un enfant, et que tu n'entends rien à la politique! Cette ci-devant comtesse ne peut arborer un drapeau à sa fenêtre, elle arbore des fleurs.

— Ah! voilà qui est bien dangereux pour la Republique!

— Oui, plus dangereux que tu ne penses ; si on laissait étaler ainsi partout des signes de ralliement royaliste, il faudrait livrer bataille dans les rues tous les jours, et nous avons besoin de nos armées aux frontières. L'énergie d'un seul homme tient ainsi garnison à Versailles, et remplace une demi-brigade dont Sambre-et-Meuse a besoin. Eh bien! comprends-tu maintenant?

— Je comprends moins, moins, mon oncle ; expliquez mieux encore, je ne comprendrai plus du tout. J'ai des idées fixes sur la liberté. Je ne changerai pas. Périsse tout, excepté le principe! Si nous avons détruit la Bastille pour n'avoir plus ensuite même la liberté d'arroser un œillet blanc à notre balcon, relevons la Bastille et allons sacrer à Reims un nouveau roi! — Adrien, tu déraisonnes!

— Oh! nous ne nous entendrons jamais sur ce point mon oncle. Et je vais même plus loin : si la passion ne vous aveuglait pas, si la comtesse Marguerite était une vieille séditieuse octogénaire, vous la laisseriez parfaitement tranquille dans sa maison.

— Là, tu dis vrai, Adrien. Je connais l'influence d'une jeune femme, et d'une belle femme, dans cette ville toute pleine encore des parfums ambrés de la ci-devant galanterie; et voilà justement ce que je dois combattre de toute ma vigueur. Tu n'a pas vu, comme moi, le festin de l'Orangerie, à Versailles ?

— Eh bien ! quel rapport a ce festin avec les œillets blancs ?

— Quel rapport, dis-tu ? Le voici. A ce festin, ou pour mieux dire à cette orgie, ce furent les femmes qui leur firent fouler aux pieds les couleurs de la révolution, qui nouèrent aux uniformes les rubans royalistes ! donc les femmes sont les plus dangereuses ennemies de la République; sans les femmes, notre nouvel ordre de choses aurait suivi une marche pacifique, et nous n'avions pas l'Europe armée sur les bras.

— Vous avez raison, mon oncle; suivez donc votre plan ; organisez la tyrannie contre la belle comtesse, et sauvez ainsi la patrie, menacée par des œillets blancs.

— Mon ami, tu sors des bancs de l'école, et tu as la fureur d'employer contre le meilleur des oncles la figure de rhétorique qu'on nomme l'ironie. Moi, j'ai des choses plus sérieuses dans la tête, et mon professeur m'a enseigné d'autres devoirs.

— Et moi, mon oncle, je m'obstinerai toujours à corriger les devoirs de votre professeur.

— Comment, toi, Adrien, qui lis tous les matins mes rapports de police, peux-tu me trouver rigoureux ? Cette ville de Versailles est un nid de conspirateurs. Il y a des nobles dans toutes les caves, il y a de faux émigrés qui ne sont pas sortis de leurs hôtels et qui attendent pour faire un coup. Ne m'a-t-on pas aussi, dernièrement, signalé deux enragés écrivains du *Journal de Paris*, André Chénier et Roucher, qui se sont réfugiés à Versailles, pour y exploiter la contre-révolution ? deux hommes dangereux comme cent femmes, parce qu'ils écrivent le matin des vers, dans les ruelles, et de la prose, le soir, dans les conciliabules secrets. Quand je ferai arrêter ces auteurs du supplément n° 15, serai-je rigoureux ou juste ?

— Mon oncle, vous éludez maintenant la question, ou vous l'agrandissez pour la faire disparaître. Si des conspirateurs existent, votre devoir est de veiller pour la République. Nul ne vous reprochera la malheureuse sévérité de vos fonctions ; mais j'ai voulu concentrer toute la discussion sur un seul point, et vous éclairer dans la fausse route où vous a mis une passion qui n'est ni politique, ni républicaine. Je ne veux pas, pour l'honneur de notre famille, pour la sainte mémoire de mon père, je ne veux pas qu'on puisse dire que votre acharnement contre la comtesse Marguerite prenait sa source dans un sentiment équivoque et très-peu républicain.

— Adrien, Adrien, cela suffit ; tu perds devant moi toute retenue, et j'ai besoin de me souvenir que tu es mon neveu et mon fils d'adoption...

— Voilà pourquoi je vous parle ainsi ; ces titres me donnent des droits. Si j'étais un étranger, je donnerais ma démission et j'irais chez ma mère qui m'attend, mais je reste à mon poste où je puis vous être utile ; je ne déserterai pas.

Claude Mouriez haussa les épaules, s'assit devant son bureau et tourmenta des collines de dossiers amoncelées devant lui ; puis, prenant une voix affectueuse, il dit.

— Adrien, nous avons perdu une heure en paroles oiseuses, et le temps est précieux ; on ne doit pas le perdre, on doit l'employer. Nous avons vingt lettres là qui attendent des réponses... Écris à Fouquier-Tinville une lettre dans ce sens que tu développeras... L'annonce de la prochaine loi des suspects a produit à Versailles un excellent effet. La population est toujours animée du meilleur esprit, etc.

— Oh ! la population est toujours animée du meilleur esprit ! c'est un refrain épistolaire que je connais, dit Adrien.

Et il se mit à tailler une plume, très-lentement, pour ne commencer que fort tard.

XIII.

RETOUR A LA GRILLE DES DEUX JARDINS.

Le comte de Pressy fit un signe à Valentin, qui se tenait un peu à l'écart dans une pose stoïque, et le vieux marin s'approcha de son maître.

En ce moment, l'apparition s'était perdue aux extrémités du jardin.

— Valentin, — dit le comte d'une voix modérément contenue, — tu es intelligent comme tous les vieux marins, eh bien ! comprends-tu quelque chose à ce que nous voyons en ce moment !

— Si monsieur le comte n'y comprend rien du tout, je n'ai pas la prétention d'avoir plus d'intelligence que lui.

— C'est que je ne suis pas tout à fait de sang-froid, Valentin, et je l'avoue à ma grande confusion. Il y avait ici un rendez-vous, c'est évident ; il y avait un entretien engagé ; j'en ai entendu quelques mots. L'homme a disparu à mon approche, c'est encore incontestable ; pourquoi donc la femme n'a-t-elle pas disparu avec lui.

— C'est très juste, monsieur le comte, pourquoi la...

— Ceci est inexplicable ! car l'un et l'autre ont entendu le bruit de nos pas ; ils ont pris l'épouvante, et Mme la comtesse poursuit tranquillement sa promenade et continue à se pavaner aux yeux des témoins qu'elle ne voit pas, mais qui existent, quoique invisibles, ce qui, pour elle, est bien plus effrayant.

— Monsieur le comte a raison ; c'est inexplicable.

M. de Pressy appuya son front sur la grille, et se mit à réfléchir.

Un violent coup de marteau retentit en ce moment

dans le voisinage, et la direction de ce bruit annonçait évidemment qu'on frappait à la porte du n° 19.

Le comte releva nonchalemment la tête et regarda Valentin d'un air significatif.

Le vieux serviteur mit la main droite à son oreille et désigna ensuite du doigt la maison de la comtesse.

— Il est minuit! dit le comte à voix basse — c'est un peu tard pour une visite honnête!

— C'est ce que je pensais — dit tout bas Valentin.

La porte ne s'ouvrait pas. Après un long intervalle, deux coups de marteau succédèrent au premier.

Le comte vit alors courir vers la maison, avec l'élan d'une gazelle, la jeune femme qu'il reconnut encore mieux.

Le silence de la nuit, dans ce quartier isolé, permettait de tout entendre. Une fenêtre s'ouvrit sur la façade de l'avenue, et une voix grêle laissa tomber une interrogation mal articulée.

Une voix forte répondit :

— Ouvrez, au nom de la loi!

— Au nom de la loi, dit le comte, sans trop ménager son organe, — La comtesse est en péril! Oublions tout.

— C'est ce que j'attendais, dit Valentin.

Le comte examina la grille, en mesura la hauteur, et dit :

— On peu franchir cela.

Et il jeta son épée de l'autre côté.

Puis il dit à Valentin !

— Reprends ton agilité de matelot, suis-moi.

A ces mots, le comte escalada la grille, appuya un pied dans le vide des dards aigues qui la couronnaient, et suivit son épée par le même chemin.

Aussitôt, sans voir s'il était suivi de Valentin, il courut se mettre en embuscade sous les derniers arbres qui ombrageaient la maison.

— Monsieur le comte — dit Valentin — aurait dû me faire passer le premier en m'aidant de ses épaules. Essayons toujours.

Valentin tenta l'escalade, mais, quoique encore vert et vigoureux, il avait perdu l'usage des mâts.

— Ah ! — dit-il en frappant son front — pourquoi monsieur le comte ne m'a-t-il pas aidé ?

— Eh bien ! je vous aiderai, moi ! — dit une voix qui effleurait son oreille.

Valentin tourna lentement la tête, comme un homme habitué aux choses surnaturelles, et vit devant lui André Chénier.

— Pas un cri ! Valentin, pas un retard ! dit Chénier, et donnez-moi votre parole de vieux soldat que vous garderez ce secret.

— Je vous le jure, dit Valentin, si vous m'aidez à rejoindre mon maître.

André, qui était doué d'une grande force physique, grimpa sur la grille et arracha cinq pointes de fer à demi-rongées par une rouille séculaire : puis, maître de cette position, il aida Valentin dans son escalade, et le fit descendre de l'autre côté, en le suspendant à ses bras, comme à deux câbles de fer.

— Maintenant, lui dit-il, voilà mon poignard, et gardez-le avec mon secret.

Valentin leva une seconde fois sa main droite pour renouveler son serment, et ramassant le poignard, il suivit le chemin qu'avait suivi son maître.

Au même instant, on entendit un second *Ouvrez, de par la loi !* accompagné d'une volée de coups de marteau.

Une voix répondit du dedans : — *On y va !* et, un peu après, la porte s'ouvrit pour se refermer tout de suite.

Chénier sauta dans le jardin sans hésiter et se prépara résolument à intervenir, si la lutte s'engageait dans la maison. Sans doute, il lui répugnait de compromettre l'honneur d'une femme en se montrant chez elle à pareille heure ; mais il y a des circonstances impérieuses qui suppriment toutes les considérations : — Je ne me montrerai, se dit-il à lui-même, qu'à la dernière extrémité, si j'entends le cri de détresse d'une femme.

Le comte de Pressy et Valentin, masqués par un buisson de lilas, tenaient leurs yeux fixés sur la maison, à peine distante de cinq pas ils entendirent d'abord des voix confuses que multipliait l'écho du vestibule; peu après, les portes des appartements s'ouvraient et se refermaient avec fracas, et des exclamations d'impatience sortaient par les fenêtres ouvertes. Tous ces bruits intérieurs se rapprochaient et retentirent enfin dans la salle basse, ouverte sur la campagne, et aux oreilles même du comte de Pressy.

— Ainsi, — dit une voix brusque, — tu soutiens que tu habites seule cette maison?

— Oui, monsieur, seule.

— Tu te nommes?

— Angélique Brunon.

— Es-tu mariée?

— Je suis veuve.

— Alors, c'est toi qui a montré ton visage quand le savoyard a chanté sous tes fenêtres?

— Oui.

— Nous savons que tu mens, et tu vas nous suivre.

— Je vous suivrai.

— Y a-t-il une cave dans cette maison?

— Oui, voulez-vous la visiter? venez avec moi.

— On n'est pas si bête de se cacher dans une cave... la maîtresse est dans ce jardin, puisque nous n'avons rien trouvé dans la maison... donne nous deux flambeaux, et ne bouge pas d'ici.

Pendant qu'Angélique apprêtait les flambeaux demandés, les deux hommes qui faisaient cette visite domiciliaire nocturne montrèrent leurs têtes dans le cadre de la salle basse, et ils examinaient attentivement le jardin.

— Ils ne sont que deux. — dit Valentin à l'oreille du comte.

— Sans compter ceux de la rue, répondit le comte.

— Ah! c'est juste, je ne songeais pas à la rue.

— Faisons toujours notre devoir ici, Valentin, la rue aura son tour, s'il le faut. Ne vois-tu pas que la comtesse est dans le parc?

— Parbleu! je le devine bien, monsieur le comte.

— Ces messieurs vont faire une chasse aux flambeaux. Un vrai amusement royal.

— Oui, monsieur le comte, mais ils ont oublié de *faire le bois*.

— Valentin, voilà un terme de vénerie bien appliqué. Décidément tu as de l'esprit.

— Eh! monsieur, j'ai fait deux campagnes aux Grandes-Indes.

— C'est juste!... eh bien! mon vétéran, faut-il attendre? faut-il attaquer?

— Ah! monsieur le comte, je suis bien tenté de prendre cette maison à l'abordage.

— Assez! les voici.

La même voix qui avait déjà interrogé Angélique se fit entendre lorsque les deux flambeaux furent descendus.

— Encore une question. Pourquoi nous a-t-on laissé frapper trois fois à la porte?

— Parce qu'une femme, seule dans une maison isolée, est bien excusable d'avoir peur à minuit. D'ailleurs, j'ai perdu beaucoup de temps à m'habiller.

— Elle répond très bien, cette bonne femme!

— Il est facile de bien répondre quand on dit la vérité.

— C'est bon ! retire-toi.

Les deux hommes descendirent le perron, et arrivés au premier arbre, ils rencontrèrent l'épée du comte de Pressy, lequel leur dit d'une voix calme :

— Vous n'irez pas plus loin, ou je vous tue. Arrière ! messieurs les inquisiteurs !

Les deux hommes reculèrent dans un bond prodigeux, et mirent le sabre à la main, en laissant tomber leurs flambeaux.

Au même moment, un nouvel adversaire tomba comme la foudre sous les ténèbres des arbres, et agitant avec une dextérité merveilleuse de rotation stridente un rateau de jardin, il mit en fuite les deux hommes, les pousuivit à travers les salles basses de la maison, et, fort heureusement pour eux, la porte extérieure se trouvant ouverte par un hasard inexplicable, ils s'élancèrent sur l'avenue, où la poursuite s'arrêta.

Le comte de Pressy éprouva un saisissement terrible qui ne venait pas certes, du danger couru. Cette scène avait été si vive, et la nuit était si obscure, qu'il n'aurait pu reconnaitre cet agile et formidable combattant, tombé si à propos à son secours ; mais ce secours devenait pour lui une sanglante insulte; mais sans avoir vu le visage de cet auxiliaire officieux, le comte devinait un amant, et il pouvait même donner un nom à l'inconu. C'est dans cette occasion que la devise de Pressy : *Ad omnia paratus*, devait ressusciter le gentilhomme, et lui rappeler sa dignité aux yeux de son serviteur Valentin.

La métamorphose fut spontanée.

— Eh bien ! Valentin, — dit-il en mettant son épée sous son bras gauche, — voilà un gaillard qui joue du bâton comme l'huissier de la procession du Réné à Aix !... As-tu quelque idée sur cet homme ?

— Aucune idée, monsieur le comte, — dit Valentin en avalant sa respiration.

— Si c'est un homme du peuple, je voudrais bien le récompenser. Je n'aime pas qu'on me rende un service gratuit.

— Oui, dit Valentin, je pense que c'est un homme du peuple... le jardinier de la maison, probablement.

— Probablement ! — dit le comte, comme un écho.

Malgré l'obscurité, poursuivi Valentin, j'ai vu qu'il n'était vêtu qu'à demi, et il avait l'air de se réveiller.

— Oh ! il était parfaitememt réveillé, le gaillard !... Valentin, tout est calme maintenant, et le péril est passé pour la comtesse, du moins jusqu'à demain. Par le plus grand bonheur, personne ici ne m'a vu. En me montrant, je savais bien que je perdais le fruit d'une année de retraite, mais on ne doit pas raisonner devant le péril... Viens, Valentin, rentrons dans notre premier retranchement de l'autre jardin.

Le serviteur suivit son maître jusqu'à la grille de séparation.

— Sais-tu, Valentin, — dit le comte en riant, — que tu m'as bien étonné tout à l'heure, quand tu es arrivé à mon secours?

— Monsieur le comte doutait alors de moi?

— Non, Valentin, non, je ne doutais pas de ton courage et de ton dévouement; mais il était bien permis de douter de ton agilité. Diable ! tu as grimpé sur cette grille, à ton âge, comme tu grimpais sur le grand-mât de la *Pomone*, sous le comte d'Estaing !

— Ah !... c'est que... voyez-vous, monsieur le comte... les marins n'ont jamais d'âge... comme les baleines... comme les baleines... la mer nous sale, et nous empêche de vieillir.

— Allons ! Valentin il te faut encore une foisescalader cette grille !... Mais ce sera plus facile maintenant, tu connais le chemin... Veux-tu passer le premier ?

Valentin hésita quelques instants avant de répondre.

— Eh bien ! poursuivit le comte, que regardes-tu ?

— Moi ? rien, monsieur le comte... Je faisais une réflexion.

— Laquelle, Valentin ?

— Je passerai la nuit ici... on ne sait pas ce qui peut arriver encore... Et, au moins, je n'aurai plus de grille à franchir, et je serai tout prêt, en cas de nouvelle attaque.

— Et tu crois que je vais te laisser seul ici, Valentin ?

— Puisque vous restez avec moi de l'autre côté de la grille, je ne serai pas seul. Vous êtes plus injambe que moi, monsieur le comte... Mais moi, je perdrai toujours beaucoup de temps, s'il me faut refaire une troisième ascension au grand mât de la *Pomone*.

— Oh ! non, Valentin, je ne te laisse pas seul ici. Bon courage ! un effort, un dernier effort !... Si la comtesse est dans le jardin, si elle te reconnaissait...

— Monsieur le comte, il n'y a pas de danger. Croyez-moi, je suis plus calme que vous et je connais madame la comtesse, elle n'est pas femme à rester dans sa *bauge* comme un *solitaire*, en attendant que le limier le force à *débûcher* : Madame la comtesse a déjà pris la clef des champs.

— Tu crois cela ?

— Monsieur le comte, si elle était dans le jardin, elle serait déjà devant vous depuis un quart d'heure, croyez-moi.

— Il a raison... Au fait, ce jardin et ce parc ne sont pas très-étendus.

— Monsieur le comte me permet-il de lui donner un conseil ?

— Donne, donne, Valentin.

— Je flaire d'une lieue une maison vide... Il n'y a plus personne dans cette maison, ni amis, ni ennemis. Croyez-moi, monsieur le comte, et suivez-moi. Si nous attendons encore un peu, il ne sera plus temps.

— Allons! mon vieux loup de mer, tentons la chose, en avant!

Valentin jeta un dernier et rapide coup d'œil à cette grille délatrice dont il esquivait adroitement le passage, et marcha rapidement vers la maison.

Passage libre partout; portes ouvertes partout, même sur l'aventure du Tiers.

— Que vous ai-je annoncé? dit fièrement Valentin.

— Ton inspiration a été bonne, j'en conviens; mais avoue, Valentin, que tu as reculé devant une seconde escalade?

— Moi! monsieur le comte, je franchirais vingt grilles comme celle-là dans une nuit! Vous ne connaissez pas les vieux marins!

— Valentin, maintenant, prenons le chemin le plus court et rentrons chez nous... Ensuite, il faudra se mettre demain à la recherche de ce courageux... jardinier qui est venu à notre aide. Je veux... le remercier, Valentin.

Le vieux serviteur ne répondit pas.

Peu d'instants après, le comte et le serviteur rentraient à l'hôtel de Pressy.

XIV.

GARDÉ A VUE.

Bien persuadé qu'il n'avait pas été reconnu, et comptant sur la discrétion du vieux marin, André Chénier s'arrêta un instant sur le seuil de la maison, délivrée des deux inquisiteurs nocturnes, et prévoyant qu'ils reviendraient bientôt avec du renfort, il monta l'avenue d'un pas rapide, ouvrit lentement la porte de son petit jardin, et entra dans sa maison, en usant de toutes les précautions nécessaires pour ne pas troubler le sommeil de Roucher, son ami.

Une surprise l'attendait dans sa chambre : André y trouva Roucher lisant le *Prœdium rusticum*, comme en plein jour.

André recula vers l'escalier, comme un voleur qui rencontre une sentinelle vigilante, et il avait certes de bonnes raisons pour dérober à l'œil de son cher poëte sa toilette toute dévastée, et absente à demi. Une autre réflexion contraria la première, et Chénier, se composant un sourire, alla droit à Roucher et lui dit :

— Voilà ce qu'on gagne à étudier la nature dans les bois à minuit ! on m'a dévalisé.

Roucher ne parut pas très-étonné du désordre qui régnait sur toute la personne de son ami ; il ferma le livre, serra la main offerte, et répondit :

— Vous vous croyez, André, sous le régime des gardes forestiers, ou de faunes et des sylvains. Les forêts sont aussi dangereuses que les villes, à présent. Il n'y a plus de protection, même dans les bois. L'auteur du *Voyage d'Anacharsis* a écrit ceci : — *Le secret effroi que vous éprouvez en entrant dans une forêt sombre vous annonce la présence des dieux. Il faudrait changer le dernier mot, aujourd'hui, etc.*

André interrompit brusquement son ami de l'air d'un homme qui a plus besoin de sommeil que de causerie.

— Roucher, dit-il, il est fort tard, je vous raconterai mon aventure demain...

— Nous sommes à demain, dit Roucher en souriant, il est bientôt deux heures... Racontez tout de suite, j'écoute.

— Ce serait trop long.

— Tant mieux !... Voyons ! commencez.

— Mais, je vous prie de me dire, mon cher Roucher, quelle fièvre d'insomnie vous a poussé à prolonger votre veille, contre votre habitude, jusqu'à deux heures du matin ?

— Ah ! mon bon André, j'attendais cette demande.

— Eh bien ! elle est faite, donnez la réponse, et allons dormir chacun de notre côté.

— Ma réponse ne sera pas courte, je vous préviens.

— Au nom de Dieu ! Roucher, laissez les f.... et les sylvains en Arcadie, et vous serez bref comme un avocat qui plaide d'office.

— Asseyez-vous, André.

— Oh ! je reste debout !... Si je m'assois, le soleil nous trouve ici tous deux, moi endormi, et vous répondant.

— Mon début va vous donner d'abord une grande joie... J'ai reçu, par un messager fidèle, une lettre, devinez de qui ?

— Roucher, vous avez juré de me faire périr d'insomnie !... Dites-moi vite de qui, et allons dormir.

— De l'aîné Trudaine... Eh bien ! vous ne sautez pas de joie ?

— Je sauterai demain.

— André, votre réponse me rappelle l'anecdote de ce fils...

— Quoi ! vous allez me raconter une anecdote !

— Très-courte, Chénier, c'est un fils qu'on réveilla au milieu de la nuit, pour lui annoncer la mort de son père : *Oh ! dit-il, que j'aurai du chagrin demain en me réveillant !* et il s'endormit.

— Il fit bien ; adieu ! je vais faire comme lui.

— Et vous ne voulez pas que je vous lise la lettre de Trudaine ?

— Lisez, lisez, mais l'essentiel seulement.

— Chénier j'ai cru faire acte de bonne amitié en vous attendant ici, jusqu'à une heure du matin, pour vous lire cette lettre.

— Merci ! merci ! mon bon Roucher... oui, vous avez raison... c'est moi qui... lisez...

— Ecoutez André, je commence...

Roucher ouvrit la lettre et lut :

« Paris, mai 1793.

» Mon cher ami,

» En vous écrivant à vous, j'écris à André, c'est moins dangereux. Je me méfie des distractions de notre ami ; il a contracté la fatale habitude d'égarer les lettres en courant après les muses, dans les bois, comme l'élève de Silène, dont parle la fable de Fénelon (1).

» Je n'ai pourtant aujourd'hui que de bonnes nouvelles à vous donner. Vous savez que j'examine la situation de sang-froid, et que je me méfie des illusions, optique trompeur, à travers lequel nous ne sommes que trop habitués à voir des réalités dans nos songes, depuis

---

(1) Un jour le fils de Jupiter, que Silène instruisait cherchait les Muses dans un bois. (*Le fils de Jupiter et le Faune.*—Fable de Fénelon)

89. Mais tout méfiant que je suis, j'aime à reconnaître l'amélioration quand elle est évidente, comme la lumière du soleil.

» Les esprits reviennent au calme ; il y a bien encore un peu de houle, mais la tempête a disparu. La loi contre les suspects ne sera pas présentée, on y a renoncé, et pour toujours, sans doute. Un citoyen modéré, Boyer-Fonfrède, préside la Convention. Les exaltés se remuent fort peu, et ne remueraient pas du tout si les tribunes n'étaient pas là. Au dehors Paris reprend son aspect des anciens jours, et il y a du plaisir à voir cette animation joyeuse dans cette ville naguère morne de stupeur.

En ce moment douze théâtres sont ouverts chaque soir à une foule qui ne demande pas mieux que de revenir à ses habitudes de légèreté française. C'est un excellent indice de la sécurité d'un prochain avenir. Lorsque toute une capitale s'amuse, quel gouvernement songerait à la contrister ?

» Nous avons eu bien belles soirées la semaine dernière. J'ai assisté, au théâtre de la rue Feydeau, à la première représentation d'une comédie en cinq actes, intitulée les *Bizarreries de la fortune*. La foule avait envahi le théâtre de bonne heure, et j'ai eu toutes les peines du monde à trouver un billet de parterre. La nouvelle comédie a obtenu un très-légitime succès L'auteur dont le nom a été vivement applaudi, est un jeune homme nommé Théogate ; il marche sur les traces de Molière, et l'avenir le plus brillant lui est réservé (2).

» Oui, il ne faut pas désespérer d'un pays où les douces émotions de la littérature et des arts conservent leur empire dans tous les cœurs.

---

(2) Rien n'est inventé par l'auteur dans tous ces détails historiques de l'époque ; les noms et les faits sont puisés aux meilleures sources. Ce n'est pas la faute au roman s'il ressemble à notre histoire présente et à toutes les histoires futures.

» A l'Académie de musique, le grand opéra de *Climène* remplit la salle tous les soirs ; ce chef-d'œuvre a pris son rang ; tous les connaisseurs le préfèrent à *OEdipe*. La musique française n'ira jamais plus loin. Après *Climène*, on donne tantôt le ballet de *Bacchus et Ariane*, tantôt le ballet du *Jugement de Paris*.

» Ces deux chefs-d'œuvre chorégraphiques sont mis en scène avec un luxe merveilleux. Le décor qui représente l'île de Naxos fait le plus grand honneur au peintre Ferretty. Il est impossible au pinceau de produire plus d'illusion.

» A l'Opéra-Comique nationale, la *Mélomanie* de Champein est l'œuvre à la mode. Depuis le *Devin du Village*, on n'avait pas entendu une plus charmante musique Au théâtre-Français Comique et Lyrique, on assiége les portes dès cinq heures pour entendre un délicieux opéra de Duni, *les Chasseurs et la Laitière*. Sainval est admirable de gaîté bouffonne lorsqu'il chante :

Je suis gelé, morfondu,
Ah ! quelle chienne de vie !

» On y représente aussi, avec un succès prodigieux, le chef-d'œuvre de Gossec, *les Pêcheurs* ; c'est beau comme les *Pêcheurs* de Théocrite ; on crie *bis* tous les soirs à Léonard quand il chante ces jolis couplets :

Simon est un brave garçon,
Il en tient pour ma fille.

» Même empressement du public pour applaudir au théâtre du Palais-Variétés le vaudeville intitulé le *voyage de Cadet Roussel*. C'est une folie à mourir, Cambon et Robespierre assistaient hier, dans une petite loge, à cette bouffonnerie, et ils se pâmaient comme des enfants... Ce sont peut être de vieux enfants... Qui connaît les hommes excepté Dieu !

» Mais la grande nouvelle du moment, c'est l'ouverture de l'amphithéâtre d'Astley, au faubourg du Temple. Le peuple s'y porte avec fureur. Il y a des prix de places pour tout le monde, depuis trois livres jusqu'à trois sols; c'est l'égalité devant le plaisir. Ce cirque, imité des anciens, est consacré aux spectacles équestres. On y remarque surtout un jeune écuyer nommé, je crois, Franconi, qui exécute des voltiges surprenantes, et de vrais tours de jongleur indien comme ceux dont parlent Bussy et Tavernier.

» Ainsi, mes chers amis, lorsqu'on voit éclater partout cette joie, cette ivresse, ce délire, devant les jeux charmants de la scène; quand on voit tout un peuple se ruer avec tant de frénésie vers les délassements de l'esprit, du cœur et des yeux, on sent que nous touchons au terme des orages, et que l'azur va teindre l'horizon de sa consolante sérénité.

» Toutes les nouvelles politiques que je vous enverrais ensuite, vraies ou fausses, ne vaudraient pas, à coup sûr, tout ce que vous venez de lire : les Français rentrent dans leur véritable caractère national ; ils rient, nous sommes sauvés !

Cet oracle est plus sûr que celui de Calchas.

» 93 a mal commencé, il finira bien. Préparez-vous à être heureux.

» Adieu, chers exilés du moment,

Votre frère,

Trudaine.

Cette lettre lue, Roucher la replia lentement et regarda Chénier qui paraissait absorbé par les réflexions qu'inspirait cette lecture.

— Vous voyez maintenant, dit Roucher, que j'avais de bonnes raisons pour vous attendre, malgré l'heure avancée de la nuit. Un ancien a dit : Je renvoie les choses sérieuses au lendemain : *ad crastinum seria remitto* ;

mais les choses joyeuses, c'est bien différent! on les garde pour la veille... André, vous attendiez-vous à recevoir d'aussi bonnes nouvelles en rentrant?

— Non — dit Chénier, qui ne songeait qu'aux aventures du n° 19, et au comte de Pressy.

— Vous répondez ainsi par un simple monosyllabe, sec et distrait?

Chénier poussa un soupir aigu, et plongeant ses deux mains dans les boucles de ses cheveux noirs, il s'écria :

—Mais, mon ami, vous avez donc juré de me rendre fou !

— Comment ! —dit Roucher avec calme—c'est ainsi que vous êtes reconnaissant? Je ne vous comprends pas, André !

— Mais, comprenez-vous au moins qu'il est trois heures du matin, et que je suis accablé de fatigue ! Voulez-vous m'infliger le supplice du régicide Damiens, et me supprimer le sommeil ?

— Vous verrez qu'il ne dira pas un mot de la lettre de Trudaine ! — dit Roucher, comme dans un *à parte*.

—Je n'en ai pas entendu trois lignes, de votre lettre, je dormais debout... Eh! que m'importent l'opéra de Chimène ! le vaudeville d'Ariane ! le cirque équestre de Robespierre ! le ballet de Franconi ! où diable voyez-vous qu'il faut priver les gens du sommeil pour leur lire toutes ces balivernes !

— Ah! voilà comment vous jugez les choses, Chénier!

— Oui, je les juge ainsi! Adieu!

— Voulez-vous, maintenant, que je vous lise une autre lettre, qui...

—Assez de lettres, Roucher, au nom du ciel!

— On m'y donne de curieux détails sur le procès criminel intenté à M. Jean-Paul Marat, rédacteur de *l'Ami du Peuple*...

— Roucher, avouez que vous dépassez toutes les

bornes! Si vous n'êtes pas somnambule, rien ne peut vous excuser à mes yeux!

— Vous avez aujourd'hui, André, une rudesse de langage qui étonne votre ami et qui l'attriste..

— Mais vous resterez donc cloué sur votre fauteuil toute la nuit?

— Chénier, nous sommes au mois de mai, le jour va bientôt paraître, et il est inutile...

— Ah! interrompit Chénier; il est inutile de dormir, parce que nous sommes au mois de mai! Eh bien! puisque vous vous êtes emparé de ma chambre, restez-y; moi, je vais dormir dans la vôtre.

André s'avança rapidement vers la porte; mais Roucher, se levant avec une vivacité surprenante, lui barra le chemin de l'escalier, en disant :

— Mon ami, vous ne sortirez pas!

— Je ne sortirai pas? — dit Chénier en fixant des regards ébahis sur Roucher.

— Vous ne sortirez pas!

— Roucher, vous voulez donc me pousser jusqu'à la violence!

— André, je vous en conjure; ne méconnaissez pas votre meilleur ami. Suivez mon conseil, ne faites point de bruit. Les maraîchers passent déjà sur l'avenue : on peut nous entendre. Soyons calmes.

— Mais, Roucher, je ne demande pas mieux que d'être calme; dormons même pour faire encore moins de bruit...

— Eh bien! soit, mon cher André, dormons. Ce fauteuil sera mon lit.

— Il n'en démordra pas!

— André, vous avez à peine trente ans, et j'en ai, moi, cinquante-deux; je suis votre ami, votre mentor, et je remplace votre père. Vous me devez obéissance et respect...

— Alors, Roucher, expliquez-moi le mystère de votre acharnement...

— Il n'y a point de mystère....

— Vraiment! la plaisanterie est forte!... Mais c'est à ce point, Roucher, que si vous n'êtes pas devenu subitement fou, je ne m'expliquerai jamais votre conduite étrange de cette nuit.

— Je n'ai jamais été plus raisonnable, mon bon André.

— Roucher, dit Chénier au comble de l'exaspération, la raillerie poussée à cette limite est intolérable; tout mon trésor de patience est épuisé... Laissez-moi sortir!... Une dernière fois, Roucher, laissez-moi sortir!... je sens que je vais porter sur vous des mains violentes, et mon cœur se laisse dominer par la tête. Respectez mon désespoir.

— Et vous, Chénier, respectez une femme!

— Une femme!

— Vous êtes un franc étourdi, André; voilà tout ce que je puis vous prêter pour votre justification.

— Une femme! dites-vous! et quelle femme? dit Chénier en ouvrant des yeux démesurés.

— Y a-t-il deux femmes pour vous, Chénier?

— Comment!... mon ami!... cette femme?

Roucher montra du doigt sa chambre, en disant : Elle est là!

XV.

JALOUSIE DU POËTE.

Les peintres qui ont inventé sur la toile des expressions pour peindre Saül devant la Pythonisse, ou les prophètes sur le Thabor, Salvator Rosa et Raphaël, qui ont trouvé les lignes de la terreur infernale et du ravissement divin, auraient brisé leurs pinceaux devant la figure du grand poëte, qui passa, tout à coup, du désespoir à l'extase, aux derniers mots de son ami.

Elle est là ! dit-il, et la mélodie de l'*Hosanna* céleste accompagna ces trois mots sur les lèvres du poëte homérique ; deux larmes, diamants de joie, étincelèrent dans ses yeux ; l'auréole du bonheur couronna son large front plein d'avenir ; ses mains se croisèrent avec cette énergie que donne la fièvre sainte d'une prière mentale, et tous les sombres voiles de la nuit disparurent devant cette radieuse révélation.

L'amitié eut son tour : André prit les mains de l'autre poëte, se confondit en excuses et sollicita le pardon.

— Mon bon Chénier, dit Roucher, comment se fait-il que votre sagacité se soit trouvée si longtemps en défaut ! comment, vous qui me connaissez, avez-vous cru, pendant deux heures, que je prenais plaisir à irriter votre impatience ! commment n'avez-vous pas tout deviné ?

— C'est vrai, mon ami..., oui... vous avez raison..., je vous comprends et je ne me comprends pas... ; j'étais absurde... mais aussi, quelle horrible nuit !... Il faut être de sang-froid pour deviner la plus claire des énigmes... Elle s'est réfugiée ici, la noble femme!... Une attaque nocturne de bandits armés!... Quelle imprudence d'habiter une maison dans un désert!... Que vous a-t-elle dit, en entrant, mon cher ami? Racontez-moi tout..., dites-moi...

— Non, André, vous avez besoin de repos...

— Je suis reposé, je puis attendre le jour...

— Elle vous racontera tout elle-même demain...

— Mon cher ami, ne me laissez pas dévorer un siècle, parlez...

— J'ai besoin de repos, André...

— Bien! voilà maintenant que vous prenez mon rôle de tout à l'heure...

— Eh! puisque vous me prenez le mien, André, il faut bien que je prenne le vôtre...

— Pour le coup, mon ami Roucher, je ne vous comprends plus! Nous allons donc recommencer notre petite guerre civile en intervertissant les rôles! Ceci est plus obscur pour moi que le neuvième problème d'Euclide!

— André, mon ami, que puis-je vous dire de plus! La femme que vous pouviez supposer en péril de mort ou de déshonneur est en sûreté! N'exigez plus rien de moi.

L'accent avec lequel Roucher prononça ces derniers mots n'appartenait pas à l'organe habituel de ce poëte tranquille; c'était une forme d'expression inouïe pour l'oreille de Chénier. Le mystère se compliqua donc au moment où il paraissait devoir s'éclaircir.

Chénier, murmurant des paroles confuses, se promenait à grands pas, et comme sa chambre était fort étroite, il ressemblait au lion qui attend sa pâture dans sa cage, en étouffant des mugissements sourds par respect pour sa dignité royale devant les regards des curieux.

Roucher avait ouvert le *Prœdicum rusticum* et se faisait ressembler à un homme calme qui lit.

Le calme subit dans les scènes violentes annonce toujours l'explosion.

La nature se tait profondément quand la foudre va gronder.

And.é bondit vers la porte en agitant sa crinière d'ébène, et, repoussant de la main son ami comme on courbe du bout du doigt la tige d'une fleur, il s'élança sur l'escalier, et là, repoussé à son tour par une main invisible, la main de l'honneur, il s'arrêta subitement, et son énergie fut paralysée devant la porte que l'hospitalité sainte couvrait de respect.

Cependant cette porte s'ouvrit comme d'elle même, et une voix douce prononça ces mots deux fois :

— On peut entrer.

La première fois, Chénier croyait avoir mal entendu.

Il entra pour obéir, car il comprit que son action s'élevait à la hauteur d'un crime, et il tomba sur ses genoux pour implorer un pardon.

Ses yeux baissés ne voyaient que la frange d'une robe et n'osaient remonter plus haut.

Un saisissement, qui manquait aux impressions de cette nuit, fit tressaillir le poëte lorsqu'il entendit ces paroles :

— Relevez-vous, Monsieur, je ne mérite pas tant d'honneur, je n'ai fait que mon devoir.

Chénier leva la tête et vit une femme d'un âge mûr et d'un visage à lui inconnu.

— Je ne suis qu'Angélique, ajouta-t-elle, la femme de compagnie de madame la comtesse.

— Et la comtesse ? — s'écria Chénier en se relevant.

— Madame la comtesse m'a envoyée dans votre maison qu'elle connaît très-bien, pour vous annoncer qu'elle s'était mise à l'abri de tout danger ; mais elle avait recommandé aussi de ne parler qu'à votre ami, et de ne me montrer à vous qu'au jour.

— Et pourquoi cette précaution, madame.

— Pour éviter précisément ce qui arrive, pour prévenir des demandes et des réponses indiscrètes, pour ne pas prolonger les émotions de cette nuit, pour vous donner quelques heures de repos dont vous avez besoin. C'est l'indiscrétion de votre ami qui a détruit tout le plan de madame la comtesse, et qui me met moi-même dans un extrême embarras.

— Mon ami n'a pas été indiscret; ne l'accusez point, madame; c'est moi seul qui suis coupable. Je m'excuse auprès de vous, et vous m'excuserez auprès d'elle. Ma raison ne conduit plus ma volonté. J'ai la fièvre au cerveau. Les racines de mes cheveux brûlent. Le sang roule dans mes yeux... Et tout ce que vous venez de me dire, madame, consomme le désespoir! Je ne puis plus vivre après l'horrible consolation que vous venez m'apporter.

— Que dites-vous, monsieur? C'est le délire qui parle et non votre raison!

— Oui, madame, c'est le délire! le délire du fou, de l'agonisant, du damné!

— Au lieu de vous réjouir, monsieur, en apprenant que madame...

— Eh bien! — s'écria Chénier en serrant sa tête entre ses deux mains, — j'aimerais cent fois mieux apprendre que madame la comtesse est dans un repaire de bêtes fauves, dans un cachot d'inquisition, dans une forêt infestée de bandits!

— Que de savoir qu'elle est en sûreté? — dit Angélique avec un sourire triste.

— Oui! — répondit Chénier, en frappant du pied le plancher.

— Voilà une bien étrange affection, monsieur!

— C'est que je sais où elle est en ce moment, moi! je le sais! — dit Chénier, en croisant les bras et en regardant Angélique avec des yeux fixes.

— Ah! monsieur Chénier, croyez-bien que vous ne le savez pas.

— Je ne le sais pas? dit Chénier avec un rire fou; je ne le sais pas. Me mettez-vous au défi de le deviner?

— Oui.

— Prenez garde, madame, vous me poussez à bout!

— Il est impossible, monsieur, que vous puissiez deviner la retraite de madame la comtesse.

— Allons! c'est un défi, je parlerai. Madame la comtesse est à l'hôtel du comte de Pressy.

Angélique fit un mouvement dont le sens équivoque pouvait être interprété, par le poëte, selon les fiévreuses dispositions de cette nuit.

— Vous êtes dans l'erreur, dit Angélique d'une voix émue.

— Madame, j'ai dit la vérité. Votre émotion a démenti votre bouche. Elle est là! elle est là!

— Non, monsieur. Croyez-moi.

— C'est une idée horrible! oh! mon Dieu! gardez-moi ma raison; c'est aujourd'hui le seul trésor de l'homme!... Mes artères de feu se hérissent comme des aspics et déchirent ma chair! Un démon est dans ma poitrine!... Elle est là, et elle a raison d'y être! Le comte de Pressy, jeune, brave, charmant, vient de risquer sa tête contre le bourreau, sa vie contre un assassin, pour sauver une femme, et il sait accomplir ses actes d'héroïsme avec une modestie surhumaine! Oh! oui, il mérite bien tout l'amour d'une femme! je lui rends justice en le détestant! Oui, elle a bien fait! son noble cœur l'a bien conseillée; elle a suivi le signe d'une main héroïque, l'appel de la plus séduisante des voix... et maintenant que d'ivresse! que d'extases!!!... Sur cette terre maudite qui souffre et se lamente, il y a deux êtres humains qui sont enviés des dieux ! et moi, j'assiste de loin, comme le mendiant et le lépreux, à cette fête qui est mon deuil, à cette joie qui est ma torture, à cette vie qui est ma mort !

Le poète se laissa tomber sur un fauteuil, et sa poitrine haletante, qui renfermait toutes les lamentations des angoisses terrestres, semblait prête à s'ouvrir comme un cratère pour les exhaler toutes à la fois, car la parole s'était brisée dans un suprême effort.

Angélique, appuyée contre l'angle de la cheminée, baissait la tête comme une femme qui n'a plus rien à dire et qui accepte tout ce qu'on lui dit.

Après un quart d'heure de silence le poëte avait repris sa force comme le vent qui expire et renaît au fond des bois, et contemplant l'attitude désolée et trop significative d'Angélique, il lui dit :

— Madame, je comprends votre silence; il répond trop clairement à toutes mes terreurs. Vous m'avez forcé à parler, j'ai tout dit; je vous ai forcé à répondre, vous n'avez rien dit. Que puis-je désirer de plus ? je suis content.

— Monsieur, dit Angélique d'une voix éteinte, ce que Mme la comtesse avait prévu est arrivé... C'est votre ami, M. Roucher, dont l'indiscrétion...

— Non, madame, ce n'est la faute de personne, c'est la faute de ma fatalité, je sens que ma mort n'est pas loin... Il y a une main qui me pousse à la tombe, je sens cette main de fer sur mon front, et si je lutte encore, c'est que je voudrais voir une dernière fois la femme qui me tue et que je veux bénir en expirant.

— Eh bien ! monsieur, dit Angélique en relevant sa tête avec assurance, vous la verrez; j'ose vous donner cet espoir.

— Mais je veux la voir tout de suite... à l'instant

même... Oui, je suis déraisonnable... c'est vrai... je comprends votre signe... ma demande est absurde...

Un rire convulsif déchira ses joues et fit couler ses larmes, et il ajouta : — Oui ! — comme s'il était possible de frapper à la porte du comte de Pressy, et de dire !...

Il se leva en frémissant de tout son corps, et voila ses yeux de ses mains, comme pour se cacher à lui-même une horrible est désolante vision.

— Madame, — dit-il en essuyant ses larmes et d'un ton résolu, — j'irai à mon destin... béni soit Dieu qui vous a envoyée ici, Madame, pour être témoin du plus grand désespoir qui ait brûlé le sang d'un homme. Vous rapporterez ce que vous venez de voir : cela me suffit; il y aura des pleurs sur moi !... Admirez l'intelligence du démon de la fatalité !... la comtesse Marguerite se dévoue noblement pour protéger ma vie, qu'elle croit menacée par mes ennemis politiques, et c'est elle qui va me tuer ici, dans ce refuge où m'ont retenu ses avis son ordre et sa main !

— Non, monsieur; je dirai à madame la comtesse que vous avez vécu, et que vous vous résignez à suivre encore ses avis et ses ordres.

— Vous ne lui direz pas cela Madame, — dit Chénier d'une voix lugubre, — parce que l'aurore de ce jour ne me trouvera pas vivant.....

— Vous pensez au suicide ! — dit Angélique toute convulsive.

— Madame, si je porte des mains violentes sur moi, c'est pour respecter le repos et la vie de la femme que j'aime. Je dois ce sacrifice à la comtesse Marguerite.

— Vous êtes donc décidé à mourir ?

Madame, vous parlez à l'agonisant ; demain vous verrez passer le cadavre.

— Monsieur Chénier ! dit Angélique en saisissant le

bras du poëte, — vous ne mourrez pas ! j'assume sur ma tête la responsabilité d'une action coupable ! Vous verrez Mme la comtesse...

— Quand ?
— A l'instant même.
— Et où, madame ?
— Que vous importe ! vous la verrez.
— A l'hôtel du comte ?
— Mais, monsieur, qui vous parle de l'hôtel du comte ! Vous la verrez. — Seule ?
— Seule... seule, avec moi.
— Partons tout de suite, madame, au nom du ciel.
— Allez avertir M. Roucher, votre ami et dites lui bien de n'avoir aucune crainte : l'endroit où nous allons est sûr.

Chénier, qui, dans cette nuit avait épuisé toute la série des émotions humaines, reprit une sérénité rayonnante, et entra dans sa chambre, où il avait laissé son ami.

Roucher dormait du sommeil de l'innocence, un livre à la main.

Chénier écrivit deux lignes, les plaça sur le livre et sortit.

Angélique attendait sur la première marche de l'escalier : elle prit la main du poëte et lui dit à voix basse :
— Suivez-moi.

FIN DU PREMIER VOLUME.

www.ingramcontent.com/pod-product-compliance
Lightning Source LLC
Chambersburg PA
CBHW060149100426
42744CB00007B/964